LAHODNÉ STŘEDOMOŘSKÉ RECEPTY

2022

RECEPTY NA ZDRAVÉ HUBNUTÍ PRO ZAČÁTEČNÍKY

PAVEL BERAN

Obsah

kushari

Doba přípravy: 25 minut

čas na vaření: 1 hodina a 20 minut

Porce: 8

Obtížnost: Těžká D

Ingredience:

- pro omáčku
- 2 lžíce olivového oleje
- 2 stroužky česneku, nakrájené
- 1 (16 uncí) plechovka rajčatové omáčky
- ¼ šálku bílého octa
- ¼ šálku harissa nebo obchod koupil
- 1/8 lžičky soli
- Pro rýži
- 1 šálek olivového oleje
- 2 cibule, nakrájené na tenké plátky
- 2 šálky sušené hnědé čočky
- 4 litry plus ½ šálku vody, rozdělené
- 2 šálky kulatozrnné rýže
- 1 lžička soli
- 1 libra těstovin s krátkým loktem
- 1 (15 uncí) plechovka cizrny, okapaná a propláchnutá

Pokyny:

Na přípravu omáčky

V hrnci dejte vařit olivový olej. Osmažte česnek. Vmíchejte rajčatovou omáčku, ocet, harissu a sůl. Omáčku přiveďte k varu. Snižte teplotu na minimum a vařte 20 minut nebo dokud omáčka nezhoustne. Vyjměte a dejte stranou.

K výrobě rýže

Talíř připravíme papírovými utěrkami a dáme stranou. Ve velké pánvi na středně vysokém ohni rozehřejte olivový olej. Smažte cibuli za častého míchání, dokud nebude křupavá a dozlatova. Cibuli položte na připravený talíř a dejte stranou. Rezervujte si 2 lžíce oleje na vaření. Zarezervujte si pánev.

V hrnci na vysoké teplotě smíchejte čočku a 4 šálky vody. Necháme přejít varem a vaříme 20 minut. Sceďte a pokapejte odloženými 2 lžícemi oleje na vaření. Odložit. Rezervujte si hrnec.

Umístěte pánev, na které jste orestovali cibuli, na středně vysokou teplotu a přidejte rýži, 4½ šálku vody a sůl. Přivést k varu. Snižte teplotu a vařte 20 minut. Vypněte a odstavte na 10 minut. Ve stejném hrnci, který se používá k vaření čočky, přiveďte zbývajících 8 šálků osolené vody k varu na vysoké teplotě. Přidejte nudle a vařte 6 minut nebo podle návodu na obalu. Sceďte a dejte stranou.

namontovat

Dejte rýži na servírovací talíř. Navrch dejte čočku, cizrnu a těstoviny. Pokapeme pikantní rajčatovou omáčkou a posypeme dokřupava osmaženou cibulkou.

Výživa (na 100 g):668 kalorií 13 g tuku 113 g sacharidů 18 g bílkovin 481 mg sodíku

Bulgur s rajčaty a cizrnou

Doba přípravy: 10 minut

čas na vaření: 35 minut

Porce: 6

Úroveň obtížnosti: Průměrná

Ingredience:

- ½ šálku olivového oleje
- 1 cibule, nakrájená
- 6 rajčat, nakrájených na kostičky nebo 1 (16 uncí) nakrájených rajčat
- 2 lžíce rajčatového protlaku
- 2 šálky vody
- 1 polévková lžíce harissy nebo koupené v obchodě
- 1/8 lžičky soli
- 2 šálky hrubého bulguru
- 1 (15 uncí) plechovka cizrny, okapaná a propláchnutá

Pokyny:

V hrnci se silným dnem rozehřejte olivový olej na středně vysokou teplotu. Osmahneme cibuli, přidáme rajčata i se šťávou a vaříme 5 minut.

Vmíchejte rajčatový protlak, vodu, harissu a sůl. Přivést k varu.

Vmícháme bulgur a cizrnu. Směs přiveďte k varu. Snižte teplotu na minimum a vařte 15 minut. Před podáváním nechte 15 minut odpočinout.

Výživa (na 100 g):413 kalorií 19 g tuků 55 g sacharidů 14 g bílkovin 728 mg sodíku

Makarony z makrely

Doba přípravy: 10 minut

čas na vaření: 15 minut

Porce: 4

Úroveň obtížnosti: Snadná

Ingredience:

- 12 oz makarony
- 1 stroužek česneku
- 14 oz rajčatová omáčka
- 1 snítka nasekané petrželky
- 2 čerstvé chilli papričky
- 1 lžička soli
- 7oz makrela v oleji
- 3 lžíce extra panenského olivového oleje

Pokyny:

Začněte tím, že v hrnci přivedete vodu k varu. Zatímco se voda ohřívá, vezmeme pánev, zalijeme trochou oleje a trochou česneku a vaříme na mírném ohni. Jakmile je česnek uvařený, vytáhněte ho z pánve.

Chilli papričku rozřízněte, odstraňte vnitřní semínka a nakrájejte na tenké proužky.

Do stejné pánve jako předtím přidejte vodu z vaření a chilli papričku. Poté vezměte makrelu a po scezení oleje a oddělení vidličkou ji přidejte do pánve k ostatním surovinám. Lehce ji opečte přidáním vody z vaření.

Když jsou všechny ingredience dobře zapracované, přidejte do pánve rajčatový protlak. Dobře promíchejte, aby se všechny ingredience rovnoměrně rozložily, a vařte na mírném ohni asi 3 minuty.

Pojďme k nudlím:

Poté, co se voda začne vařit, přidejte sůl a těstoviny. Jakmile jsou maccheroni mírně al dente, sceďte je a přidejte je do omáčky, kterou jste si připravili.

V omáčce krátce vypotíme a po ochutnání dochutíme solí a pepřem podle chuti.

Výživa (na 100 g):510 kalorií 15,4 g tuku 70 g sacharidů 22,9 g bílkovin 730 mg sodíku

Maccheroni s cherry rajčaty a ančovičkami

Doba přípravy: 10 minut

čas na vaření: 15 minut

Porce: 4

Úroveň obtížnosti: Snadná

Ingredience:

- 14oz těstoviny Maccheroni
- 6 solených ančoviček
- 4 oz cherry rajčata
- 1 stroužek česneku
- 3 lžíce extra panenského olivového oleje
- Čerstvé chilli papričky dle chuti
- 3 lístky bazalky
- sůl podle chuti

Pokyny:

Začněte ohříváním vody v hrnci a přidejte sůl, když se vaří. Mezitím si připravte omáčku: po umytí rajčata je vezměte a nakrájejte na 4 kusy.

Nyní vezměte nepřilnavou pánev, pokapejte ji olejem a vhoďte stroužek česneku. Po uvaření vyjměte z pánve. Do pánve dejte čisté ančovičky a rozpusťte je v oleji.

Když jsou ančovičky dobře rozpuštěné, přidejte nakrájená rajčata a zvyšujte plamen, dokud nezměknou (dejte pozor, aby nezměkly).

Přidejte chilli papričky bez semínek, nakrájejte na malé kousky a okořeňte.

Nudle vložíme do hrnce s vroucí vodou, scedíme al dente a v hrnci krátce podusíme.

Výživa (na 100 g):476 kalorií 11 g tuku 81,4 g sacharidů 12,9 g bílkovin 763 mg sodíku

Risotto s citronem a krevetami

Doba přípravy: 10 minut

čas na vaření: 30 minut

Porce: 4

Úroveň obtížnosti: Snadná

Ingredience:

- 1 citron
- 14 oz vyloupané krevety
- 1 ¾ šálku rizoto rýže
- 1 bílá cibule
- 33 fl. oz (1 litr) zeleninového vývaru (méně je vhodné)
- 2 ½ lžíce másla
- ½ sklenky bílého vína
- sůl podle chuti
- Černý pepř podle chuti
- pažitka podle chuti

Pokyny:

Začněte tím, že krevety povaříte v osolené vodě po dobu 3-4 minut, slijte a dejte stranou.

Cibuli oloupeme a nakrájíme nadrobno, orestujeme na rozpuštěném másle a po zaschnutí másla na pánvi pár minut opékáme rýži.

Rýži rozlijte půl sklenicí bílého vína, poté přidejte šťávu z 1 citronu. Rýži promíchejte a dovařte přidáním lžíce zeleninového vývaru podle potřeby.

Dobře promíchejte a několik minut před koncem vaření přidejte dříve uvařené krevety (část odložte na ozdobu) a trochu černého pepře.

Jakmile se oheň vypne, přidejte kousek másla a promíchejte. Rizoto je připraveno k podávání. Ozdobte zbylými krevetami a posypte trochou pažitky.

Výživa (na 100 g):510 kalorií 10 g tuku 82,4 g sacharidů 20,6 g bílkovin 875 mg sodíku

Špagety s mušlemi

Doba přípravy: 10 minut

čas na vaření: 40 minut

Porce: 4

Úroveň obtížnosti: Snadná

Ingredience:

- 11,5 unce špaget
- 2 libry škeblí
- 7 uncí rajčatové omáčky nebo rajčatové pasty pro červenou verzi tohoto jídla
- 2 stroužky česneku
- 4 lžíce extra panenského olivového oleje
- 1 sklenice suchého bílého vína
- 1 lžíce jemně nasekané petrželky
- 1 chilli paprička

Pokyny:

Začněte omytím škeblí: škeble nikdy „nečistěte" – musí se otevírat pouze teplem, jinak se spolu s pískem ztratí i jejich drahocenná vnitřní tekutina. Slávky rychle omyjte v cedníku v salátové míse: tím se odfiltruje písek na skořápkách.

Scezené mušle pak ihned dejte do hrnce s pokličkou na silný oheň. Občas je otočte, a až budou téměř všechny otevřené, stáhněte je z ohně. Skořápky, které zůstanou zavřené, jsou mrtvé a musí být odstraněny. Z otevřených měkkýšů vyjměte a část nechte v celku na ozdobu pokrmů. Sceďte tekutinu zbývající na dně pánve a dejte stranou.

Vezměte velkou pánev a nalijte do ní trochu oleje. Zahřívejte jednu celou papriku a jeden nebo dva prolisované stroužky česneku na velmi mírném ohni, dokud stroužky nezežloutnou. Přidejte mušle a dochuťte suchým bílým vínem.

Nyní přidejte předtím přecezenou tekutinu z mušlí a trochu jemně nasekané petrželky.

Špagety sceďte a ihned po uvaření je vhoďte na pánev do dostatečného množství osolené vody al dente. Pořádně promíchejte, dokud špagety nevsáknou všechnu tekutinu z mušlí. Pokud jste nepoužili chilli papričku, doplňte to lehkým posypáním bílým nebo černým pepřem.

Výživa (na 100 g):167 kalorií 8 g tuku 8,63 g sacharidů 5 g bílkovin 720 mg sodíku

Řecká rybí polévka

Doba přípravy: 10 minut

čas na vaření: 60 minut

Porce: 4

Úroveň obtížnosti: Snadná

Ingredience:

- Štikozubec nebo jiná bílá ryba
- 4 brambory
- 4 jarní cibulky
- 2 mrkve
- 2 tyčinky celeru
- 2 rajčata
- 4 lžíce extra panenského olivového oleje
- 2 vejce
- 1 citron
- 1 šálek rýže
- sůl podle chuti

Pokyny:

Vyberte si rybu, která neváží více než 2,2 libry, odstraňte z ní šupiny, žábry a vnitřnosti a dobře ji omyjte. Osolte a dejte stranou.

Brambory, mrkev a cibuli omyjeme a celé je přidáme do hrnce s dostatečným množstvím vody, aby nasákly a přivedly k varu.

Přidáme celer ještě svázaný do trsů, aby se při vaření nerozpustil, rajčata nakrájíme na čtyři části a přidáme je spolu s olejem a solí.

Když je zelenina téměř hotová, přidejte další vodu a ryby. Vařte 20 minut a poté vyjměte z vývaru spolu se zeleninou.

Rybu dejte do servírovací mísy, ozdobte zeleninou a sceďte vývar. Vývar dáme zpět na oheň a zředíme trochou vody. Jakmile se vaří, přidejte rýži a dochuťte solí. Jakmile je rýže uvařená, sundejte hrnec ze sporáku.

Připravte omáčku Avgolemono:

Vejce dobře rozšlehejte a pomalu přidávejte citronovou šťávu. Do naběračky nalijte trochu vývaru a za stálého šlehání pomalu vlévejte do vajec.

Nakonec vzniklou omáčku přidejte do polévky a dobře promíchejte.

Výživa (na 100 g):263 kalorií 17,1 g tuku 18,6 g sacharidů 9 g bílkovin 823 mg sodíku

Venere rýže s krevetami

Doba přípravy: 10 minut

čas na vaření: 55 minut

Porce: 3

Úroveň obtížnosti: Snadná

Ingredience:

- 1 ½ šálku černé rýže Venere (lepší je předvařená)
- 5 lžic extra panenského olivového oleje
- 10,5 unce krevety
- 10,5 uncí cukety
- 1 citron (šťáva a kůra)
- stolní sůl podle chuti
- Černý pepř podle chuti
- 1 stroužek česneku
- Tabasco podle chuti

Pokyny:

Začněme rýží:

Po naplnění kastrolu velkým množstvím vody a přivedení k varu vsypte rýži, osolte a vařte požadovanou dobu (viz návod na vaření na obalu).

Mezitím nastrouhejte cuketu na struhadle s velkými otvory. Na pánvi rozehřejte olivový olej s oloupaným stroužkem česneku, přidejte nastrouhanou cuketu, osolte, opepřete a vařte 5 minut, vyjměte stroužek česneku a zeleninu dejte stranou.

Nyní vyčistěte krevety:

Odstraňte skořápku, odřízněte ocas, podélně rozpůlte a odstraňte vnitřnosti (tmavá nit stéká po jejich hřbetě). Očištěné krevety dejte do misky a ochuťte olivovým olejem; Dodejte mu extra chuť přidáním citronové kůry, soli a pepře a přidáním několika kapek Tabasca podle chuti.

Zahřejte krevety na horké pánvi po dobu několika minut. Po uvaření dejte stranou.

Jakmile je venerová rýže hotová, sceďte do mísy, přidejte cuketovou směs a promíchejte.

Výživa (na 100 g):293 kalorií 5 g tuku 52 g sacharidů 10 g bílkovin 655 mg sodíku

Pennette s lososem a vodkou

Doba přípravy: 10 minut

čas na vaření: 18 minut

Porce: 4

Úroveň obtížnosti: Snadná

Ingredience:

- 14oz Pennette Rigate
- 7 uncí uzeného lososa
- 1,2 unce šalotky
- 1,35 fl. oz (40 ml) vodky
- 5 uncí cherry rajčat
- 7 uncí čerstvé tekuté smetany (doporučuji rostlinnou smetanu pro lehčí pokrm)
- pažitka podle chuti
- 3 lžíce extra panenského olivového oleje
- sůl podle chuti
- Černý pepř podle chuti
- bazalka podle chuti (na ozdobu)

Pokyny:

Rajčata a pažitku omyjeme a nakrájíme. Po oloupání šalotku nakrájejte nožem, vložte do kastrůlku a nechte chvíli marinovat v extra panenském olivovém oleji.

Mezitím si nakrájíme lososa na nudličky a orestujeme spolu s olejem a šalotkou.

Vše smíchejte s vodkou, buďte opatrní, mohlo by dojít ke vzplanutí (pokud by se objevil plamen, nebojte se, po úplném odpaření alkoholu se sníží). Přidejte nakrájená rajčata a podle chuti přidejte špetku soli a trochu pepře. Nakonec přidáme smetanu a nakrájenou pažitku.

Zatímco se omáčka vaří, připravte si těstoviny. Jakmile se voda vaří, vlijte pennette a vařte al dente.

Sceďte těstoviny a nalijte pennette do omáčky a chvíli povařte, aby absorbovala veškerou chuť. Pokud chcete, ozdobte lístkem bazalky.

Výživa (na 100 g):620 kalorií 21,9 g tuku 81,7 g sacharidů 24 g bílkovin 326 mg sodíku

Mořské plody Carbonara

Doba přípravy: 15 minut

čas na vaření: 50 minut

Porce: 3

Úroveň obtížnosti: Snadná

Ingredience:

- 11,5 unce špaget
- 3,5 oz tuňáka
- 3,5 oz mečoun
- 3,5 oz Salmon Sal
- 6 žloutků
- 4 lžíce parmazánu (Parmigiano Reggiano)
- 2 fl. oz (60 ml) bílého vína
- 1 stroužek česneku
- Extra panenský olivový olej dle chuti
- stolní sůl podle chuti
- Černý pepř podle chuti

Pokyny:

V hrnci si připravíme vroucí vodu a mírně osolíme.

Mezitím dáme do mísy 6 žloutků a přidáme nastrouhaný parmazán, pepř a sůl. Vyšleháme metličkou a zředíme trochou vody na vaření z rendlíku.

Z lososa odstraňte všechny kosti, z mečouna šupiny a pokračujte v nakrájení na kostičky tuňáka, lososa a mečouna.

Jakmile se uvaří, vmíchejte těstoviny a uvařte je mírně al dente.

Mezitím na velké pánvi rozehřejte trochu oleje a přidejte celý oloupaný stroužek česneku. Jakmile je olej rozpálený, přidejte na kostičky nakrájenou rybu a opékejte na vysoké teplotě asi 1 minutu. Odstraňte česnek a přidejte bílé víno.

Jakmile se alkohol odpaří, vyjměte rybí kostky a snižte plamen. Jakmile jsou špagety hotové, přidejte je do pánve a za stálého míchání vařte asi minutu, podle potřeby přilévejte vodu z vaření.

Vlijte žloutkovou směs a kostky ryby. Dobře promíchejte. Sloužit.

Výživa (na 100 g):375 kalorií 17 g tuku 41,40 g sacharidů 14 g bílkovin 755 mg sodíku

Garganelli s cuketovým pestem a krevetami

Doba přípravy: 10 minut

čas na vaření: 30 minut

Porce: 4

Úroveň obtížnosti: Průměrná

Ingredience:

- 14 oz Garganelli. na bázi vajec
- Na cuketové pesto:
- 7 oz cukety
- 1 šálek piniových oříšků
- 8 lžic (0,35 unce) bazalky
- 1 lžička kuchyňské soli
- 9 lžic extra panenského olivového oleje
- 2 lžíce parmazánu na strouhání
- 1 unce pecorina na strouhání
- Na restované krevety:
- 8,8 unce krevety
- 1 stroužek česneku
- 7 lžic extra panenského olivového oleje
- špetka soli

Pokyny:

Začněte přípravou pesta:

Po umytí cukety nastrouháme, dáme do cedníku (aby ztratily trochu přebytečné tekutiny) a lehce osolíme. Do mixéru vložte piniové oříšky, cuketu a lístky bazalky. Přidejte nastrouhaný parmazán, pecorino a extra panenský olivový olej.

Rozmixujte do hladka, vmíchejte špetku soli a odstavte.

Přepněte na krevety:

Nejprve vytáhněte vnitřnosti tak, že zadní část krevety naříznete nožem po celé délce a špičkou nože odstraníte černou nit uvnitř.

Stroužek česneku orestujte na pánvi s extra panenským olivovým olejem. Když zhnědne, vyjměte česnek a přidejte krevety. Smažte na středně vysoké teplotě po dobu 5 minut, dokud se na vnější straně nevytvoří křupavá kůrka.

Poté přivedeme k varu hrnec s osolenou vodou a uvaříme garganelli. Pár lžic vařící vody dejte stranou a těstoviny sceďte al dente.

Vložte garganelli do pánve, kterou jste použili k vaření krevet. Společně minutu povařte, přidejte lžíci vody z vaření a nakonec přidejte cuketové pesto.

Dobře promíchejte, aby se těstoviny spojily s omáčkou.

Výživa (na 100 g):776 kalorií 46 g tuku 68 g sacharidů 22,5 g bílkovin 835 mg sodíku

lososové rizoto

Doba přípravy: 10 minut

čas na vaření: 30 minut

Porce: 4

Úroveň obtížnosti: Průměrná

Ingredience:

- 1 ¾ šálku (12,3 unce) rýže
- 8,8 unce steaků z lososa
- 1 pórek
- Extra panenský olivový olej dle chuti
- 1 stroužek česneku
- ½ sklenky bílého vína
- 3 ½ lžíce nastrouhaného Grana Padano
- sůl podle chuti
- Černý pepř podle chuti
- 17 fl. oz (500 ml) rybího vývaru
- 1 šálek másla

Pokyny:

Začněte tím, že lososa očistíte a nakrájíte na malé kousky. Na pánvi svaříme 1 lžíci oleje s celým stroužkem česneku a lososa 2/3 minuty restujeme, osolíme a lososa dáme stranou, česnek vyjmeme.

Nyní začněte připravovat rizoto:

Pórek nakrájíme na velmi malé kousky a na mírném ohni je podusíme na pánvi se dvěma lžícemi oleje. Vmíchejte rýži a několik sekund vařte na středně vysokém ohni za míchání vařečkou.

Vmíchejte bílé víno a pokračujte ve vaření za občasného míchání, snažte se, aby se rýže nepřilepila na pánev, postupně přilévejte vývar (zeleninový nebo rybí).

V polovině vaření přidejte lososa, máslo a podle potřeby špetku soli. Když je rýže dobře uvařená, stáhněte ji z plotny. Smíchejte s několika lžícemi nastrouhaného Grana Padano a podávejte.

Výživa (na 100 g):521 kalorií 13 g tuku 82 g sacharidů 19 g bílkovin 839 mg sodíku

Těstoviny s cherry rajčaty a ančovičkami

Doba přípravy: 15 minut

čas na vaření: 35 minut

Porce: 4

Úroveň obtížnosti: Snadná

Ingredience:

- 10,5 unce špaget
- 1,3 libry cherry rajčat
- 9oz ančovičky (předčištěné)
- 2 lžíce kapary
- 1 stroužek česneku
- 1 malá červená cibule
- petržel podle chuti
- Extra panenský olivový olej dle chuti
- stolní sůl podle chuti
- Černý pepř podle chuti
- Černé olivy podle chuti

Pokyny:

Nakrájejte stroužek česneku a nakrájejte na tenké plátky.

Cherry rajčata nakrájíme na 2. Cibuli oloupeme a nakrájíme na tenké plátky.

Do hrnce dejte trochu oleje s nakrájeným česnekem a cibulí. Vše zahřívejte na středním ohni po dobu 5 minut; občas promíchejte.

Když je vše dobře ochucené, přidejte cherry rajčata a špetku soli a pepře. Vařte 15 minut. Mezitím dejte na sporák hrnec s vodou a jakmile se vaří, přidejte sůl a těstoviny.

Jakmile je omáčka téměř hotová, vmíchejte ančovičky a pár minut povařte. Jemně promíchejte.

Vypněte oheň, nasekejte petržel a přidejte do pánve.

Po uvaření těstoviny scedíme a vmícháme přímo do omáčky. Na několik sekund znovu zapněte ohřev.

Výživa (na 100 g):446 kalorií 10 g tuku 66,1 g sacharidů 22,8 g bílkovin 934 mg sodíku

Brokolice a klobása orecchiette

Doba přípravy: 10 minut

čas na vaření: 32 minut

Porce: 4

Úroveň obtížnosti: Průměrná

Ingredience:

- 11,5 unce orecchiette
- 10,5 brokolice
- 10,5 unce klobásy
- 1,35 fl. oz (40 ml) bílého vína
- 1 stroužek česneku
- 2 snítky tymiánu
- 7 lžic extra panenského olivového oleje
- Černý pepř podle chuti
- stolní sůl podle chuti

Pokyny:

Vařte hrnec s vodou a solí. Odtrhněte růžičky brokolice ze stonku a nakrájejte na polovinu nebo na 4 kusy, pokud jsou příliš velké; Poté přidejte do vroucí vody a hrnec přikryjte a vařte 6-7 minut.

Mezitím nadrobno nasekejte tymián a dejte stranou. Vytáhněte střívko z klobásy a jemně rozmačkejte vidličkou.

Na troše olivového oleje orestujte stroužek česneku a přidejte klobásu. Po několika sekundách přidejte tymián a trochu bílého vína.

Bez vylévání vařící vody odebíráme uvařenou brokolici děrovanou lžící a postupně přidáváme k masu. Vše vařte 3-4 minuty. Odstraňte česnek a přidejte špetku černého pepře.

Vodu, ve které jste vařili brokolici, přiveďte k varu, poté vhoďte těstoviny a nechte vařit. Jakmile jsou těstoviny uvařené, sceďte je děrovanou lžící a přidejte přímo do brokolicové omáčky. Poté dobře promíchejte, přidejte černý pepř a vše na pánvi pár minut restujte.

Výživa (na 100 g):683 kalorií 36 g tuku 69,6 g sacharidů 20 g bílkovin 733 mg sodíku

Rizoto s čekankou a uzenou slaninou

Doba přípravy: 10 minut

čas na vaření: 30 minut

Porce: 3

Úroveň obtížnosti: Průměrná

Ingredience:

- 1 ½ šálku rýže
- 14 oz čekanky
- 5,3 unce uzené slaniny
- 34 fl. oz (1 l) zeleninový vývar
- 3,4 fl. oz (100 ml) červeného vína
- 7 lžic extra panenského olivového oleje
- 1,7 unce šalotky
- stolní sůl podle chuti
- Černý pepř podle chuti
- 3 snítky tymiánu

Pokyny:

Začneme přípravou zeleninového vývaru.

Začněte s čekankou: překrojte ji na polovinu a odstraňte střední část (bílou část). Nakrájejte na proužky, dobře opláchněte a dejte stranou. Uzenou slaninu také nakrájejte na malé nudličky.

Šalotku nakrájíme nadrobno a dáme na pánev s trochou oleje. Necháme na středně vysokém ohni provařit, podlijeme naběračkou vývaru, poté přidáme slaninu a necháme osmahnout.

Asi po 2 minutách za častého míchání přidejte rýži a toasty. V tuto chvíli zalijte červeným vínem na vysokém ohni.

Jakmile se všechen alkohol odpaří, pokračujte ve vaření a po naběračkách přilévejte vývar. Před přidáním dalšího nechte oschnout, dokud nebude zcela uvařený. Přidejte sůl a černý pepř (záleží na tom, kolik chcete přidat).

Na konci doby vaření přidejte proužky čekanky. Dobře je promíchejte, dokud se nespojí s rýží, ale bez vaření. Přidejte nasekaný tymián.

Výživa (na 100 g):482 kalorií 17,5 g tuku 68,1 g sacharidů 13 g bílkovin 725 mg sodíku

Těstoviny alla Genovese

Doba přípravy: 10 minut

čas na vaření: 25 minut

Porce: 3

Úroveň obtížnosti: Průměrná

Ingredience:

- 11,5 unce ziti
- 1 libra hovězího masa
- 2,2 libry zlaté cibule
- 2 oz celer
- 2 oz mrkev
- 1 svazek petrželky
- 3,4 fl. oz (100 ml) bílého vína
- Extra panenský olivový olej dle chuti
- stolní sůl podle chuti
- Černý pepř podle chuti
- Parmazán podle chuti

Pokyny:

Chcete-li připravit těstoviny, začněte s:

Cibuli a mrkev oloupeme a nakrájíme nadrobno. Poté celer omyjte a nakrájejte nadrobno (listy, které je také nutné nakrájet a dát stranou, nevyhazujte). Poté přejděte na maso, očistěte od přebytečného tuku a nakrájejte na 5/6 velkých kusů. Nakonec listy celeru a snítku petržele svažte kuchyňským provázkem do voňavého svazku.

Nalijte hodně oleje do velké pánve. Přidejte cibuli, celer a mrkev (které jste odložili dříve) a nechte několik minut vařit.

Poté přidejte kousky masa, špetku soli a voňavý svazek.

Promíchejte a několik minut vařte. Dále snižte plamen a přikryjte pokličkou.

Vařte alespoň 3 hodiny (nepřidávejte vodu ani vývar, protože cibule vypustí veškerou tekutinu potřebnou k tomu, aby dno pánve nevyschlo). Zkontrolujte a občas promíchejte.

Po 3 hodinách vaření vyjmeme svazek bylinek, mírně zvýšíme teplotu, přidáme trochu vína a promícháme.

Maso vařte odkryté asi hodinu za častého míchání a přilévejte víno, když je dno pánve suché.

V tuto chvíli vezměte kus masa, nakrájejte ho na prkénko a dejte stranou. Nakrájejte ziti a uvařte je ve vroucí osolené vodě.

Po uvaření scedíme a vrátíme do hrnce. Zalijte několika lžícemi vařící vody a promíchejte. Položte na talíř a přidejte trochu omáčky a rozdrobeného masa (toho, který jste dali stranou v kroku 7). Podle chuti přidáme pepř a nastrouhaný parmazán.

Výživa (na 100 g):450 kalorií 8 g tuku 80 g sacharidů 14,5 g bílkovin 816 mg sodíku

Květákové těstoviny z Neapole

Doba přípravy: 15 minut

čas na vaření: 35 minut

Porce: 3

Úroveň obtížnosti: Průměrná

Ingredience:

- 10,5 unce těstovin
- 1 květák
- 3,4 fl. oz (100 ml) rajčatového protlaku
- 1 stroužek česneku
- 1 chilli paprička
- 3 lžíce extra panenského olivového oleje (nebo lžičky)
- sůl podle chuti
- pepř podle chuti

Pokyny:

Květák dobře očistěte: odstraňte vnější listy a stopku. Nakrájejte ho na malé růžičky.

Oloupejte a nakrájejte stroužek česneku a orestujte v hrnci s olejem a chilli papričkou.

Přidejte rajčatový protlak a růžičky květáku a nechte pár minut na středně vysokém ohni osmahnout, poté podlijte několika naběračkami vody a vařte 15–20 minut, nebo alespoň dokud není květák krémový.

Pokud se vám zdá dno pánve příliš suché, přidejte tolik vody, kolik je potřeba, aby směs zůstala tekutá.

V tuto chvíli zalijte květák horkou vodou a jakmile se vaří, přidejte těstoviny.

Dochuťte solí a pepřem.

Výživa (na 100 g):458 kalorií 18 g tuků 65 g sacharidů 9 g bílkovin 746 mg sodíku

Těstoviny a fagioli s pomerančem a fenyklem

Doba přípravy: 10 minut

čas na vaření: 30 minut

Porce: 5

Úroveň obtížnosti: Obtížnost

Ingredience:

- Extra panenský olivový olej - 1 polévková lžíce. plus navíc za servírování
- Pancetta - 2 unce, jemně nasekané
- Cibule - 1, jemně nakrájená
- Fenykl – 1 cibule, stonky vyhoďte, cibule rozpůlená, zbavená semínek a nakrájená nadrobno
- Celer – 1 žebro, nakrájené
- Česnek - 2 stroužky, nakrájené
- Filety sardele – 3, opláchnuté a nakrájené
- Nakrájené čerstvé oregano - 1 polévková lžíce.
- Strouhaná pomerančová kůra - 2 lžičky.
- Semena fenyklu - ½ lžičky.
- Vločky červené papriky - ¼ lžičky.
- Nakrájená rajčata - 1 plechovka (28 uncí).
- Parmazánový sýr - 1 kůra a více na podávání
- Cannellini fazole - 1 (7 uncí) plechovka, opláchnuté
- Kuřecí vývar - 2 ½ šálků

- Voda - 2 ½ šálků
- sůl a pepř
- Orzo - 1 šálek
- Nasekaná čerstvá petržel - ¼ šálku

Pokyny:

Rozehřejte olej v holandské troubě na střední teplotu. Přidejte slaninu. Smažte 3 až 5 minut nebo dokud nezačnou hnědnout. Vmíchejte celer, fenykl a cibuli a za stálého míchání opékejte do změknutí (asi 5 až 7 minut).

Vmíchejte paprikové vločky, fenyklová semínka, pomerančovou kůru, oregano, ančovičky a česnek. Vařte 1 minutu. Vmícháme rajčata a šťávu z nich. Vmícháme parmazánovou kůru a fazole.

Vařte a vařte 10 minut. Vmíchejte vodu, vývar a 1 lžičku. Sůl. Necháme vařit na vysokém ohni. Vmícháme těstoviny a uvaříme al dente.

Odstraňte z tepla a odstraňte kůru z parmazánu.

Vmícháme petrželku a dochutíme solí a pepřem. Zalijeme trochou olivového oleje a posypeme strouhaným parmazánem. Sloužit.

Výživa (na 100 g):502 kalorií 8,8 g tuku 72,2 g sacharidů 34,9 g bílkovin 693 mg sodíku

Špagety al Limone

Doba přípravy: 10 minut

čas na vaření: 15 minut

Porce: 6

Úroveň obtížnosti: Snadná

Ingredience:

- Extra panenský olivový olej - ½ šálku
- Nastrouhaná citronová kůra - 2 lžičky.
- Citronová šťáva - 1/3 šálku
- Česnek - 1 stroužek, nakrájený na koláč
- sůl a pepř
- Parmazánový sýr - 2 unce, strouhaný
- Špagety - 1 lb
- Strouhaná čerstvá bazalka - 6 lžic.

Pokyny:

V misce česnek, olej, citronová kůra, šťáva, ½ lžičky. sůl a ¼ lžičky. Pepř. Vmíchejte parmazán a míchejte, dokud nebude krémová.

Mezitím si uvařte nudle podle návodu na obalu. Sceďte a nechte si ½ šálku vody na vaření. Přidejte olejovou směs a bazalku k těstovinám a promíchejte, aby se spojily. Dobře osolte a v případě potřeby vmíchejte vodu z vaření. Sloužit.

Výživa (na 100 g):398 kalorií 20,7 g tuku 42,5 g sacharidů 11,9 g bílkovin 844 mg sodíku

Kořeněný zeleninový kuskus

Doba přípravy: 10 minut

čas na vaření: 20 minut

Porce: 6

Obtížnost: Těžká D

Ingredience:

- Květák - 1 hlava, nakrájená na 1 palcové růžičky
- Extra panenský olivový olej - 6 lžic. plus navíc za servírování
- sůl a pepř
- Kuskus - 1 ½ šálku
- Cuketa – 1, nakrájená na ½-palcové kousky
- Červené papriky – 1, semen, pecky a nakrájené na ½-palcové kousky
- Česnek - 4 stroužky, nakrájené
- Ras el Hanout - 2 lžičky.
- Strouhaná citronová kůra - 1 lžička. plus kolečka citronu k podávání
- Kuřecí vývar - 1 ¾ šálku
- Nakrájená čerstvá majoránka - 1 polévková lžíce.

Pokyny:

Na pánvi zahřejte 2 lžíce. oleje na středním plameni. Přidejte květák, ¾ lžičky. sůl a ½ lžičky. Pepř. Směs. Vařte, dokud růžičky nezhnědnou a okraje jen průsvitné.

Odstraňte poklici a vařte za stálého míchání 10 minut nebo dokud růžičky nezezlátnou. Nalijte do misky a vyčistěte pánev. Zahřejte 2 polévkové lžíce. olej na pánvi.

Přidejte kuskus. Vařte a pokračujte v míchání po dobu 3 až 5 minut, nebo dokud zrna nezačnou hnědnout. Nalijte do misky a vyčistěte pánev. Zahřejte zbývající 3 polévkové lžíce. Olej na pánvi a přidejte papriku, cuketu a ½ lžičky. Sůl. Vařte 8 minut.

Vmíchejte citronovou kůru, ras el hanout a česnek. Vařte do voňavé (asi 30 sekund). Vlijeme do vývaru a necháme povařit. Vmícháme kuskus. Sundejte z plotny a odstavte, dokud nezměknou.

přidáme majoránku a květák; Poté jemně načechrejte vidličkou k zapracování. Zakápněte dalším olejem a dobře okořeňte. Podávejte s měsíčky citronu.

Výživa (na 100 g):787 kalorií 18,3 g tuku 129,6 g sacharidů 24,5 g bílkovin 699 mg sodíku

Kořeněná pečená rýže s fenyklem

Doba přípravy: 10 minut

čas na vaření: 45 minut

Porce: 8

Úroveň obtížnosti: Průměrná

Ingredience:

- Sladké brambory - 1 ½ libry, oloupané a nakrájené na 1-palcové kousky
- Extra panenský olivový olej - ¼ šálku
- sůl a pepř
- Fenykl - 1 cibule, jemně nasekaná
- Malá cibule - 1, jemně nakrájená
- Dlouhozrnná bílá rýže - 1 ½ šálku, propláchnutá
- Česnek - 4 stroužky, nakrájené
- Ras el Hanout - 2 lžičky.
- Kuřecí vývar - 2 ¾ šálky
- Velké zelené olivy vyzrálé ve slaném nálevu bez pecek - ¾ šálku, půlené
- Nasekaný čerstvý koriandr - 2 polévkové lžíce.
- vápenné klíny

Pokyny:

Umístěte rošt do středu trouby a předehřejte troubu na 400 F.

Přidejte brambory s ½ lžičky. sůl a 2 polévkové lžíce. Olej.

Brambory položte v jedné vrstvě na pečicí papír s okrajem a opékejte 25 až 30 minut nebo do změknutí. V polovině pečení brambory promícháme.

Vytáhněte brambory a snižte teplotu trouby na 350 F. V holandské troubě zahřejte zbývající 2 polévkové lžíce. oleje na středním plameni.

Přidejte cibuli a fenykl; Dále vařte 5 až 7 minut, nebo dokud nezměknou. Vmíchejte ras el hanout, česnek a rýži. Smažte 3 minuty.

Vmíchejte olivy a vývar a nechte 10 minut odležet. Brambory přidáme k rýži a jemně načechráme vidličkou. Dochuťte solí a pepřem. Ozdobte koriandrem a podávejte s měsíčky limetky.

Výživa (na 100 g):207 kalorií 8,9 g Tuky 29,4 g Sacharidy 3,9 g Bílkoviny 711 mg Sodík

Kuskus na marocký způsob s cizrnou

Doba přípravy: 5 minut

čas na vaření: 18 minut

Porce: 6

Úroveň obtížnosti: Průměrná

Ingredience:

- Extra panenský olivový olej - ¼ šálku, extra pro podávání
- Kuskus - 1 ½ šálku
- Oloupaná a nakrájená nadrobno mrkev – 2
- Jemně nakrájená cibule – 1
- sůl a pepř
- Česnek - 3 stroužky, nakrájené
- Mletý koriandr - 1 lžička.
- Mletý zázvor - lžička.
- Mletý anýz - ¼ lžičky.
- Kuřecí vývar - 1 ¾ šálku
- Cizrna - 1 plechovka (15 uncí), propláchnutá
- Mražený hrášek - 1 ½ šálku
- Nasekaná čerstvá petržel nebo koriandr - ½ šálku
- plátky citronu

Pokyny:

Zahřejte 2 polévkové lžíce. olej na pánvi na středním plameni. Vmíchejte kuskus a vařte 3 až 5 minut, nebo dokud nezačne hnědnout. Nalijte do misky a vyčistěte pánev.

Zahřejte zbývající 2 polévkové lžíce. Olej na pánvi a přidejte cibuli, mrkev a 1 lžičku. Sůl. Vařte 5 až 7 minut. Vmíchejte anýz, zázvor, koriandr a česnek. Vařte do voňavé (asi 30 sekund).

Smíchejte cizrnu a vývar a přiveďte k varu. Vmícháme kuskus a hrášek. Zakryjte a sundejte ze sporáku. Odstavte, dokud kuskus nezměkne.

Ke kuskusu přidáme petrželku a promícháme vidličkou. Potřete dalším olejem a dobře okořeňte. Podávejte s měsíčky citronu.

Výživa (na 100 g):649 kalorií 14,2 g tuku 102,8 g sacharidů 30,1 g bílkovin 812 mg sodíku

Vegetariánská paella se zelenými fazolkami a cizrnou

Doba přípravy: 10 minut

čas na vaření: 35 minut

Porce: 4

Úroveň obtížnosti: Snadná

Ingredience:

- Špetka šafránu
- Zeleninový vývar - 3 šálky
- Olivový olej - 1 polévková lžíce.
- Žlutá cibule - 1 velká, nakrájená na kostičky
- Česnek - 4 stroužky, nakrájené na plátky
- Červená paprika - 1, nakrájená na kostičky
- Nakrájená rajčata - ¾ šálku, čerstvá nebo konzervovaná
- Rajčatová pasta - 2 polévkové lžíce.
- pálivé papriky - 1 ½ lžičky.
- Sůl - 1 lžička.
- Čerstvě mletý černý pepř - ½ lžičky.
- Zelené fazolky - 1 ½ šálku, nakrájené a rozpůlené
- Cizrna – 1 plechovka (15 uncí), okapaná a propláchnutá
- Krátkozrnná bílá rýže - 1 šálek
- Citron - 1, nakrájíme na měsíčky

Pokyny:

Smíchejte šafránové nitě se 3 polévkovými lžícemi. teplá voda v malé misce. V hrnci přiveďte vodu k varu na středním plameni. Snižte teplotu a nechte vařit.

Smažte olej na pánvi na středním ohni. Vmícháme cibuli a restujeme 5 minut. Přidejte papriky a česnek a restujte 7 minut nebo dokud paprika nezměkne. Vmíchejte směs šafránové vody, soli, pepře, papriky, rajčatového protlaku a rajčat.

Přidejte rýži, cizrnu a zelené fazolky. Vmícháme teplý vývar a přivedeme k varu. Snižte teplotu a vařte bez pokličky 20 minut.

Podávejte horké, ozdobené měsíčky citronu.

Výživa (na 100 g):709 kalorií 12 g tuku 121 g sacharidů 33 g bílkovin 633 mg sodíku

Česnekové krevety s rajčaty a bazalkou

Doba přípravy: 10 minut

čas na vaření: 10 min

Porce: 4

Úroveň obtížnosti: Snadná

Ingredience:

- Olivový olej - 2 polévkové lžíce.
- Krevety - 1¼ libry, oloupané a zbavené
- Česnek - 3 stroužky, nakrájené
- Vločky drcené červené papriky – 1/8 lžičky.
- Suché bílé víno - ¾ šálku
- Hroznová rajčata - 1 ½ šálku
- Jemně nakrájená čerstvá bazalka - ¼ šálku, plus více na ozdobu
- Sůl - ¾ lžičky.
- Mletý černý pepř - ½ lžičky.

Pokyny:

V pánvi rozehřejte olej na středním plameni. Přidejte krevety a vařte 1 minutu nebo dokud nejsou uvařené. Přeneste na talíř.

Přidejte vločky červené papriky a česnek do oleje v pánvi a vařte za míchání po dobu 30 sekund. Vmíchejte víno a vařte, dokud se nezredukuje asi na polovinu.

Přidejte rajčata a za stálého míchání opékejte, dokud se rajčata nezačnou rozpadat (asi 3 až 4 minuty). Vmíchejte odložené krevety, sůl, pepř a bazalku. Vařte ještě 1 až 2 minuty.

Podávejte ozdobené zbylou bazalkou.

Výživa (na 100 g):282 kalorií 10 g tuku 7 g sacharidů 33 g bílkovin 593 mg sodíku

Krevetová paella

Doba přípravy: 10 minut

čas na vaření: 25 minut

Porce: 4

Úroveň obtížnosti: Průměrná

Ingredience:

- Olivový olej - 2 polévkové lžíce.
- Střední cibule - 1, nakrájená na kostičky
- Červená paprika - 1, nakrájená na kostičky
- Česnek - 3 stroužky, nakrájené
- Špetka šafránu
- pálivé papriky - ¼ lžičky.
- Sůl - 1 lžička.
- Čerstvě mletý černý pepř - ½ lžičky.
- Kuřecí vývar - 3 šálky, rozdělené
- Bílá krátkozrnná rýže - 1 šálek
- Oloupané a zbavené velké krevety - 1 lb
- Mražený hrášek - 1 šálek, rozmražený

Pokyny:

Na pánvi rozehřejte olivový olej. Vmícháme cibuli a papriku a restujeme 6 minut, dokud nezměknou. Přidejte sůl, pepř, papriku, šafrán a česnek a promíchejte. Vmíchejte 2 ½ šálků vývaru a rýže.

Směs přiveďte k varu a poté vařte, dokud se rýže neuvaří, asi 12 minut. Na rýži položte krevety a hrášek a přidejte zbývající ½ šálku vývaru.

Umístěte víko zpět na pánev a vařte, dokud nejsou všechny krevety uvařené (asi 5 minut). Sloužit.

Výživa (na 100 g):409 kalorií 10 g tuku 51 g sacharidů 25 g bílkovin 693 mg sodíku

Čočkový salát s olivami, mátou a fetou

Doba přípravy: 60 minut

čas na vaření: 60 minut

Porce: 6

Úroveň obtížnosti: Průměrná

Ingredience:

- sůl a pepř
- Francouzská čočka - 1 šálek, natrhaná a opláchnutá
- Česnek - 5 stroužků, lehce rozdrcený a oloupaný
- bobkový list – 1
- Extra panenský olivový olej - 5 lžic.
- Bílý ocet - 3 polévkové lžíce.
- Vypeckované olivy Kalamata – ½ šálku, nakrájené
- Nasekaná čerstvá máta - ½ šálku
- Šalotka – 1 velká, nakrájená
- Sýr Feta - 1 unce, rozdrobený

Pokyny:

Přidejte 4 šálky teplé vody a 1 lžičku. sůl v misce. Přidáme čočku a necháme 1 hodinu louhovat při pokojové teplotě. Dobře sceďte.

Umístěte rošt do středu trouby a předehřejte troubu na 325 F. Smíchejte čočku, 4 šálky vody, česnek, bobkový list a ½ lžičky. sůl v hrnci. Hrnec přikryjte a položte na sporák a vařte 40 až 60 minut, nebo dokud čočka nezměkne.

Čočku dobře sceďte, česnek a bobkový list vyhoďte. Ve velké míse prošlehejte olej a ocet. Přidejte šalotku, mátu, olivy a čočku a promíchejte.

Dochuťte solí a pepřem. Pěkně naaranžujte do servírovací mísy a ozdobte fetou. Sloužit.

Výživa (na 100 g): 249 kalorií 14,3 g tuku 22,1 g sacharidů 9,5 g bílkovin 885 mg sodíku

Cizrna s česnekem a petrželkou

Doba přípravy: 5 minut

čas na vaření: 20 minut

Porce: 6

Úroveň obtížnosti: Průměrná

Ingredience:

- Extra panenský olivový olej - ¼ šálku
- Česnek - 4 stroužky, nakrájené na tenké plátky
- Vločky červené papriky - 1/8 lžičky.
- Cibule - 1, nakrájená
- sůl a pepř
- Cizrna - 2 plechovky (15 uncí), opláchnuté
- Kuřecí vývar - 1 šálek
- Nasekaná čerstvá petržel - 2 polévkové lžíce.
- Citronová šťáva - 2 lžičky.

Pokyny:

Do pánve přidejte 3 polévkové lžíce. Naolejujte a vařte 3 minuty česnekové a pepřové vločky. Vmíchejte cibuli a ¼ lžičky. osolte a vařte 5 až 7 minut.

Vmícháme cizrnu a vývar a přivedeme k varu. Snižte teplotu a přikryté vařte na mírném ohni 7 minut.

Odkryjte poklici a nasaďte na vysokou teplotu a vařte 3 minuty, nebo dokud se všechna tekutina neodpaří. Odstavte a pokapejte citronovou šťávou a petrželkou.

Dochuťte solí a pepřem. Pokapejte 1 polévkovou lžící. olej a podáváme.

Výživa (na 100 g):611 kalorií 17,6 g tuku 89,5 g sacharidů 28,7 g bílkovin 789 mg sodíku

Dušená cizrna s lilkem a rajčaty

Doba přípravy: 10 minut

čas na vaření: 60 minut

Porce: 6

Úroveň obtížnosti: Snadná

Ingredience:

- Extra panenský olivový olej - ¼ šálku
- Cibule - 2, nakrájené
- Zelená paprika - 1, jemně nasekaná
- sůl a pepř
- Česnek - 3 stroužky, nakrájené
- Nakrájené čerstvé oregano - 1 polévková lžíce.
- Bobkové listy – 2
- Lilek - 1 libra, nakrájený na 1-palcové kousky
- Rajčata celá loupaná – 1 konzerva, okapaná odloženou šťávou, nakrájená
- Cizrna - 2 plechovky (15 uncí), scezené s 1 šálkem tekutiny

Pokyny:

Umístěte rošt na spodní střední část a předehřejte troubu na 400 F. Rozehřejte olej v holandské troubě. Přidejte papriku, cibuli, ½ lžičky. sůl a ¼ lžičky. Pepř. Smažte 5 minut.

Vmíchejte 1 lžičku. Oregano, česnek a bobkové listy a vařte 30 sekund. Vmícháme rajčata, lilek, odstavenou šťávu, cizrnu a odloženou tekutinu a přivedeme k varu. Vložte hrnec do trouby a pečte odkryté 45 až 60 minut. Dvakrát promíchejte.

Bobkové listy vyhoďte. Vmíchejte zbývající 2 lžičky. Dochuťte oreganem a solí a pepřem. Sloužit.

Výživa (na 100 g):642 kalorií 17,3 g tuku 93,8 g sacharidů 29,3 g bílkovin 983 mg sodíku

Řecká citronová rýže

Doba přípravy: 20 minut

čas na vaření: 45 minut

Porce: 6

Úroveň obtížnosti: Průměrná

Ingredience:

- Dlouhozrnná rýže – 2 šálky, nevařená (namočená ve studené vodě po dobu 20 minut, poté scezená)
- Extra panenský olivový olej - 3 polévkové lžíce.
- Žlutá cibule - 1 střední, nakrájená
- Česnek - 1 stroužek, nasekaný
- Orzo těstoviny - ½ šálku
- Šťáva ze 2 citronů plus kůra z 1 citronu
- Vývar s nízkým obsahem sodíku - 2 šálky
- špetka soli
- Nasekaná petržel - 1 velká hrst
- Bylina kopr - 1 lžička.

Pokyny:

V hrnci zahřejte 3 lžíce. Extra panenský olivový olej. Přidejte cibuli a restujte 3 až 4 minuty. Přidejte orzo těstoviny a česnek a promíchejte.

Poté vmícháme rýži, aby se obalila. Přidejte vývar a citronovou šťávu. Přiveďte k varu a snižte plamen. Přikryjte a vařte asi 20 minut.

Sundejte teplo. Zakryjte a nechte 10 minut stát. Odkryjte a vmíchejte citronovou kůru, kopr a petržel. Sloužit.

Výživa (na 100 g):145 kalorií 6,9 g tuku 18,3 g sacharidů 3,3 g bílkovin 893 mg sodíku

Česneková bylinková rýže

Doba přípravy: 10 minut

čas na vaření: 30 minut

Porce: 4

Úroveň obtížnosti: Snadná

Ingredience:

- Extra panenský olivový olej - ½ šálku, rozdělený
- Velké stroužky česneku - 5, nasekané
- Hnědá jasmínová rýže - 2 šálky
- Voda - 4 šálky
- Mořská sůl - 1 lžička.
- Černý pepř - 1 lžička.
- Nasekaná čerstvá pažitka - 3 polévkové lžíce.
- Nasekaná čerstvá petržel - 2 polévkové lžíce.
- Nakrájená čerstvá bazalka - 1 polévková lžíce.

Pokyny:

Do hrnce přidejte ¼ šálku olivového oleje, česnek a rýži. Míchejte a zahřívejte na středním plameni. Vmíchejte vodu, mořskou sůl a černý pepř. Další mix znovu.

Přiveďte k varu a snižte plamen. Za občasného promíchání dusíme odkryté.

Když se voda téměř vsákne, přilijte zbývající ¼ šálku olivového oleje spolu s bazalkou, petrželkou a pažitkou.

Míchejte, dokud se bylinky nezapracují a veškerá voda se nevstřebá.

Výživa (na 100 g):304 kalorií 25,8 g tuku 19,3 g sacharidů 2 g bílkovin 874 mg sodíku

Středomořský rýžový salát

Doba přípravy: 10 minut

čas na vaření: 25 minut

Porce: 4

Úroveň obtížnosti: Průměrná

Ingredience:

- Extra panenský olivový olej - ½ šálku, rozdělený
- Dlouhozrnná hnědá rýže - 1 šálek
- Voda - 2 šálky
- Čerstvá citronová šťáva - ¼ šálku
- Stroužek česneku - 1, nasekaný
- Nakrájený čerstvý rozmarýn - 1 lžička.
- Nasekaná čerstvá máta - 1 lžička.
- Belgická endivie - 3, nakrájená
- Červená paprika - 1 střední, nakrájená
- Skleníková okurka - 1, nakrájená
- Nakrájená celá jarní cibulka - ½ šálku
- Nasekané olivy Kalamata - ½ šálku
- Vločky červené papriky - ¼ lžičky.
- Rozdrobený sýr Feta - ¾ šálku
- mořská sůl a černý pepř

Pokyny:

V hrnci na mírném ohni rozehřejte ¼ šálku olivového oleje, rýži a špetku soli. Míchejte, aby se rýže obalila. Přidejte vodu a vařte, dokud se voda nevsákne. Občas promíchejte. Vložte rýži do velké mísy a nechte vychladnout.

V jiné misce smíchejte zbývající ¼ šálku olivového oleje, vločky červené papriky, olivy, jarní cibulku, okurku, papriku, endivie, mátu, rozmarýn, česnek a citronovou šťávu.

Do směsi přidáme rýži a promícháme. Jemně vmícháme sýr feta.

Ochutnejte a okořeňte. Sloužit.

Výživa (na 100 g):415 kalorií 34 g tuku 28,3 g sacharidů 7 g bílkovin 4 755 mg sodíku

Salát s čerstvými fazolemi a tuňákem

Doba přípravy: 5 minut

čas na vaření: 20 minut

Porce: 6

Úroveň obtížnosti: Snadná

Ingredience:

- Vyloupané (loupané) čerstvé fazole - 2 šálky

- Bobkové listy – 2

- Extra panenský olivový olej - 3 polévkové lžíce.

- Červený vinný ocet - 1 polévková lžíce.

- sůl a černý pepř

- Tuňák prvotřídní kvality - 1 plechovka (6 uncí) balená v olivovém oleji

- Solené kapary - 1 polévková lžíce. namočené a vysušené

- Jemně nasekaná plochá petržel – 2 polévkové lžíce.

- Červená cibule - 1, nakrájená

Pokyny:

V hrnci dejte vařit lehce osolenou vodu. Přidejte fazole a bobkové listy; Poté vařte 15 až 20 minut, nebo dokud nejsou fazole měkké, ale stále pevné. Sceďte, odstraňte příchutě a dejte do mísy.

Fazole ihned podávejte s octem a olejem. Přidejte sůl a černý pepř. Dobře promícháme a okořeníme. Tuňáka sceďte a maso z tuňáka nasekejte do fazolového salátu. Přidejte petržel a kapary. Promícháme a navrch posypeme plátky červené cibule. Sloužit.

Výživa (na 100 g):85 kalorií 7,1 g tuku 4,7 g sacharidů 1,8 g bílkovin 863 mg sodíku

Lahodné kuřecí těstoviny

Doba přípravy: 10 minut

čas na vaření: 17 minut

Porce: 4

Úroveň obtížnosti: Snadná

Ingredience:

- 3 kuřecí prsa bez kůže a kostí, nakrájená na kousky
- 9 uncí celozrnných těstovin
- 1/2 šálku oliv, nakrájené na plátky
- 1/2 šálku sušených rajčat
- 1 lžíce pražené červené papriky, nasekané
- 14 uncových plechovek rajčat, nakrájených na kostičky
- 2 šálky marinara omáčky
- 1 hrnek kuřecího vývaru
- pepř
- Sůl

Pokyny:

Všechny ingredience kromě celozrnných těstovin vmíchejte do Instant Pot.

Zajistěte víko a vařte 12 minut na nejvyšší stupeň.

Až budete hotovi, přirozeně tlak uvolněte. sejměte víko.

Přidejte nudle a dobře promíchejte. Hrnec opět zavřete a vyberte ručně a nastavte časovač na 5 minut.

Až budete hotovi, uvolněte tlak na 5 minut a poté uvolněte zbytek pomocí rychloupínací přezky. sejměte víko. Dobře promícháme a podáváme.

Výživa (na 100 g):615 kalorií 15,4 g tuku 71 g sacharidů 48 g bílkovin 631 mg sodíku

Příchutě Taco Rice Bowl

Doba přípravy: 10 minut

čas na vaření: 14 minut

Porce: 8

Úroveň obtížnosti: Průměrná

Ingredience:

- 1 libra mletého hovězího masa
- 8 uncí sýra čedar, nastrouhaného
- 14 uncí plechovka červených fazolí
- 2 unce taco koření
- 16 uncí salsy
- 2 šálky vody
- 2 šálky hnědé rýže
- pepř
- Sůl

Pokyny:

Nastavte instantní hrnec do režimu restování.

Do hrnce vložíme maso a restujeme dohněda.

Přidejte vodu, fazole, rýži, taco koření, pepř a sůl a dobře promíchejte.

Navrch dáme salsu. Zavřete víko a vařte na nejvyšším stupni 14 minut.

Až budete hotovi, uvolněte tlak rychloupínákem. sejměte víko.

Vmícháme sýr čedar a mícháme, dokud se sýr nerozpustí.

Podávejte a užívejte si.

Výživa (na 100 g):464 kalorií 15,3 g tuků 48,9 g sacharidů 32,2 g bílkovin 612 mg sodíku

Chutný mac & sýr

Doba přípravy: 10 minut

čas na vaření: 10 min

Porce: 6

Úroveň obtížnosti: Snadná

Ingredience:

- 16 uncí celozrnných loketních těstovin
- 4 šálky vody
- 1 šálek plechovky rajčat, nakrájených na kostičky
- 1 lžička česneku, nasekaný
- 2 lžíce olivového oleje
- 1/4 šálku jarní cibulky, nakrájené
- 1/2 šálku parmazánu, strouhaného
- 1/2 šálku mozzarelly, nastrouhané
- 1 šálek sýra čedar, nastrouhaný
- 1/4 šálku passaty
- 1 hrnek neslazeného mandlového mléka
- 1 šálek marinovaného artyčoku, nakrájeného na kostičky
- 1/2 šálku sušených rajčat, nakrájených na plátky
- 1/2 šálku oliv, nakrájené na plátky
- 1 lžička soli

Pokyny:

Přidejte těstoviny, vodu, rajčata, česnek, olej a sůl do instantního hrnce a dobře promíchejte. Přikryjeme a vaříme na nejvyšší stupeň.

Až budete hotovi, uvolněte tlak na několik minut a poté uvolněte zbytek rychlým vybitím. sejměte víko.

Nastavte hrnec do režimu restování. Přidejte jarní cibulku, parmazán, mozzarellu, čedar, passatu, mandlové mléko, artyčoky, sušená rajčata a olivy. Dobře promíchejte.

Dobře promíchejte a vařte, dokud se sýr nerozpustí.

Podávejte a užívejte si.

Výživa (na 100 g):519 kalorií 17,1 g tuku 66,5 g sacharidů 25 g bílkovin 588 mg sodíku

Okurka Olivová Rýže

Doba přípravy: 10 minut

čas na vaření: 10 min

Porce: 8

Úroveň obtížnosti: Průměrná

Ingredience:

- 2 šálky rýže, opláchnuté
- 1/2 šálku oliv, vypeckovaných
- 1 šálek nakrájené okurky
- 1 lžíce červeného vinného octa
- 1 lžička citronové kůry, nastrouhaná
- 1 lžíce čerstvé citronové šťávy
- 2 lžíce olivového oleje
- 2 hrnky zeleninového vývaru
- 1/2 lžičky sušeného oregana
- 1 červená paprika, nakrájená
- 1/2 šálku cibule, nakrájené
- 1 lžíce olivového oleje
- pepř
- Sůl

Pokyny:

Do vnitřního hrnce instantního hrnce přidejte olej a hrnec nastavte do režimu restování. Přidejte cibuli a restujte 3 minuty. Přidejte papriky a oregano a restujte 1 minutu.

Přidejte rýži a vývar a dobře promíchejte. Zavřete víko a vařte na nejvyšší stupeň 6 minut. Až budete hotovi, uvolněte tlak po dobu 10 minut a poté uvolněte zbytek pomocí rychloupínací přezky. sejměte víko.

Přidejte zbytek ingrediencí a dobře promíchejte. Podávejte a ihned si pochutnejte.

Výživa (na 100 g):229 kalorií 5,1 g tuku 40,2 g sacharidů 4,9 g bílkovin 210 mg sodíku

Příchutě Bylinkové rizoto

Doba přípravy: 10 minut

čas na vaření: 15 minut

Porce: 4

Úroveň obtížnosti: Průměrná

Ingredience:

- 2 šálky rýže
- 2 lžíce parmazánu, strouhaného
- 3,5 unce husté smetany
- 1 lžíce čerstvého oregana, nakrájeného
- 1 lžíce čerstvé bazalky, nasekané
- 1/2 lžíce šalvěje, nasekané
- 1 cibule, nakrájená
- 2 lžíce olivového oleje
- 1 lžička česneku, nasekaný
- 4 šálky zeleninového vývaru
- pepř
- Sůl

Pokyny:

Přidejte olej do vnitřní nádoby instantního hrnce a klikněte na hrnec do režimu restování. Přidejte česnek a cibuli do vnitřní pánve instantního hrnce a stiskněte hrnec do režimu restování. Přidejte česnek a cibuli a restujte 2-3 minuty.

Přidejte zbývající ingredience kromě parmezánu a smetany a dobře promíchejte. Zavřete víko a vařte na nejvyšším stupni 12 minut.

Až budete hotovi, uvolněte tlak po dobu 10 minut, poté uvolněte zbytek rychloupínákem. sejměte víko. Vmícháme smetanu a sýr a podáváme.

Výživa (na 100 g):514 kalorií 17,6 g tuku 79,4 g sacharidů 8,8 g bílkovin 488 mg sodíku

Lahodné těstoviny Primavera

Doba přípravy: 10 minut

čas na vaření: 4 minuty

Porce: 4

Úroveň obtížnosti: Snadná

Ingredience:

- 8 uncí celozrnných těstovin penne
- 1 lžíce čerstvé citronové šťávy
- 2 lžíce čerstvé petrželky, nasekané
- 1/4 šálku mletých mandlí
- 1/4 šálku parmazánu, strouhaného
- 14 uncových plechovek rajčat, nakrájených na kostičky
- 1/2 šálku švestek
- 1/2 šálku cukety, nakrájené
- 1/2 šálku chřestu
- 1/2 šálku mrkve, nakrájené
- 1/2 šálku brokolice, nakrájené
- 1 3/4 šálku zeleninového vývaru
- pepř
- Sůl

Pokyny:

Přidejte vývar, pars, rajčata, sušené švestky, cuketu, chřest, mrkev a brokolici do instantního hrnce a dobře promíchejte. Zavřete a vařte na nejvyšší stupeň 4 minuty. Až budete hotovi, uvolněte tlak rychloupínákem. sejměte víko. Zbývající ingredience dobře promíchejte a podávejte.

Výživa (na 100 g):303 kalorií 2,6 g tuku 63,5 g sacharidů 12,8 g bílkovin 918 mg sodíku

Těstoviny s pečenou paprikou

Doba přípravy: 10 minut

čas na vaření: 13 minut

Porce: 6

Úroveň obtížnosti: Průměrná

Ingredience:

- 1 libra celozrnných těstovin penne
- 1 lžíce italského koření
- 4 šálky zeleninového vývaru
- 1 lžíce česneku, nasekaný
- 1/2 cibule, nakrájená
- 14 uncová sklenice pečených červených paprik
- 1 šálek sýra feta, rozdrobený
- 1 lžíce olivového oleje
- pepř
- Sůl

Pokyny:

Pečenou papriku vložte do mixéru a rozmixujte dohladka. Přidejte olej do vnitřního hrnce instantního hrnce a nastavte konvici do režimu restování. Přidejte česnek a cibuli do vnitřního šálku Instant Pot a nastavte hrnec na restování. Přidejte česnek a cibuli a restujte 2-3 minuty.

Přidáme rozmixovanou pečenou papriku a restujeme 2 minuty.

Přidejte zbývající přísady kromě sýru feta a dobře promíchejte. Pevně uzavřete a 8 minut vařte na nejvyšší stupeň. Po dokončení uvolněte tlak přirozeně po dobu 5 minut, poté uvolněte zbytek rychlým uvolněním. sejměte víko. Posypeme sýrem feta a podáváme.

Výživa (na 100 g):459 kalorií 10,6 g tuků 68,1 g sacharidů 21,3 g bílkovin 724 mg sodíku

Sýr Bazalka Rajčatová Rýže

Doba přípravy: 10 minut

čas na vaření: 26 minut

Porce: 8

Úroveň obtížnosti: Průměrná

Ingredience:

- 1 1/2 šálku hnědé rýže
- 1 šálek parmazánu, strouhaný
- 1/4 šálku čerstvé bazalky, nasekané
- 2 šálky hroznových rajčat, rozpůlené
- 8 uncí plechovka rajčatové omáčky
- 1 3/4 šálku zeleninového vývaru
- 1 lžíce česneku, nasekaný
- 1/2 šálku cibule, nakrájené na kostičky
- 1 lžíce olivového oleje
- pepř
- Sůl

Pokyny:

Přidejte olej do vnitřní nádoby instantního hrnce a vyberte hrnec, který chcete opéct. Do vnitřního hrnce instantního hrnce přidejte česnek a cibuli a nechte restovat. Vmícháme česnek a cibuli a restujeme 4 minuty. Přidejte rýži, rajčatovou omáčku, vývar, pepř a sůl a dobře promíchejte.

Přikryjte a vařte na nejvyšší stupeň 22 minut.

Až budete hotovi, uvolněte tlak na 10 minut a poté uvolněte zbytek pomocí rychloupínací přezky. sejměte víčko. Vmíchejte zbývající přísady a promíchejte. Podávejte a užívejte si.

Výživa (na 100 g):208 kalorií 5,6 g tuku 32,1 g sacharidů 8,3 g bílkovin 863 mg sodíku

Mac & Cheese

Doba přípravy: 10 minut

čas na vaření: 4 minuty

Porce: 8

Úroveň obtížnosti: Snadná

Ingredience:

- 1 libra celozrnných těstovin
- 1/2 šálku parmazánu, strouhaného
- 4 šálky sýra čedar, nastrouhaného
- 1 šálek mléka
- 1/4 lžičky česnekového prášku
- 1/2 lžičky mleté hořčice
- 2 lžíce olivového oleje
- 4 šálky vody
- pepř
- Sůl

Pokyny:

Do instantního hrnce přidejte těstoviny, česnekový prášek, hořčici, olej, vodu, pepř a sůl. Pevně uzavřete a vařte na nejvyšší stupeň 4 minuty. Až budete hotovi, uvolněte tlak pomocí rychloupínací přezky. otevřít víko. Přidejte zbývající ingredience a dobře promíchejte a podávejte.

Výživa (na 100 g):509 kalorií 25,7 g tuku 43,8 g sacharidů 27,3 g bílkovin 766 mg sodíku

Tuňákové těstoviny

Doba přípravy: 10 minut

čas na vaření: 8 minut

Porce: 6

Úroveň obtížnosti: Průměrná

Ingredience:

- 10 oz konzerva tuňáka, scezená
- 15 uncí celozrnných těstovin rotini
- 4 unce mozzarelly, nakrájené na kostičky
- 1/2 šálku parmazánu, strouhaného
- 1 lžička sušené bazalky
- 14 uncí plechovka rajčat
- 4 šálky zeleninového vývaru
- 1 lžíce česneku, nasekaný
- 8 uncí hub, nakrájených na plátky
- 2 cukety, nakrájené na plátky
- 1 cibule, nakrájená
- 2 lžíce olivového oleje
- pepř
- Sůl

Pokyny:

Do vnitřního hrnce instantního hrnce nalijte olej a přimáčkněte hrnec, aby se orestoval. Přidejte houby, cuketu a cibuli a restujte, dokud cibule nezměkne. Přidejte česnek a minutu restujte.

Přidejte těstoviny, bazalku, tuňáka, rajčata a vývar a dobře promíchejte. Zavřete a vařte na nejvyšší stupeň 4 minuty. Až budete hotovi, uvolněte tlak na 5 minut, poté uvolněte zbytek rychloupínákem. sejměte víko. Přidejte zbývající ingredience a dobře promíchejte a podávejte.

Výživa (na 100 g):346 kalorií 11,9 g Tuky 31,3 g Sacharidy 6,3 g Bílkoviny 830 mg Sodík

Avokádo a krůtí směs Panini

Doba přípravy: 5 minut

čas na vaření: 8 minut

Porce: 2

Úroveň obtížnosti: Snadná

Ingredience:

- 2 červené papriky, orestované a nakrájené na proužky
- ¼ lb na tenké plátky nakrájená mesquite uzená krůtí prsa
- 1 šálek celých čerstvých listů špenátu, rozdělených
- 2 plátky sýra provolone
- 1 lžíce olivového oleje, rozdělená
- 2 rolky ciabatty
- ¼ šálku majonézy
- ½ zralého avokáda

Pokyny:

V misce důkladně rozmačkejte majonézu a avokádo. Poté předehřejte lis na panini.

Housky rozpůlíme a vnitřek chleba potřeme olivovým olejem. Poté naplníme náplní a postupně vrstvíme: provolone, krůtí prsa, pečenou červenou papriku, špenátové listy a směs avokáda a pokademe druhým plátkem chleba.

Vložte sendvič do lisu na panini a grilujte, dokud se sýr nerozpustí a chléb nebude křupavý a narýhovaný, 5 až 8 minut.

Výživa (na 100 g):546 kalorií 34,8 g tuku 31,9 g sacharidů 27,8 g bílkovin 582 mg sodíku

Zábal z okurky, kuřete a manga

Doba přípravy: 5 minut

čas na vaření: 20 minut

Porce: 1

Obtížnost: Těžká D

Ingredience:

- ½ střední okurky podélně nakrájené
- ½ zralého manga
- 1 lžíce salátového dresinku dle vlastního výběru
- 1 celozrnný zábal z tortilly
- 1 palec silný plátek kuřecích prsou, asi 6 palců dlouhý
- 2 lžíce oleje na smažení
- 2 lžíce celozrnné mouky
- 2 až 4 listy salátu
- sůl a pepř na dochucení

Pokyny:

Kuřecí prsa nakrájejte na 1-palcové proužky a vařte celkem 6-palcové proužky. To by byly dva proužky kuřete. Uschovejte zbývající kuře pro budoucí použití

Kuře okořeníme pepřem a solí. Vydlabejte v celozrnné mouce.

Umístěte malou nepřilnavou pánev na středně vysokou teplotu a rozehřejte olej. Jakmile je olej horký, přidejte kuřecí nudličky a opékejte dozlatova, asi 5 minut z každé strany.

Zatímco se kuře vaří, vložte tortillové zábaly do trouby a pečte 3 až 5 minut. Poté odstavte a přendejte na talíř.

Okurku podélně rozkrojte, použijte jen polovinu a zbylou okurku si rezervujte. Okurku rozčtvrťte a zbavte semínek. Umístěte dva plátky okurky na tortillový obal, 1 palec od okraje.

Mango nakrájejte a druhou polovinu ponechte se semínky. Mango bez pecek oloupeme, nakrájíme na proužky a položíme na tortillovou zábal.

Jakmile je kuře uvařené, umístěte kuře do řady vedle nálevu.

Přidejte list okurky a pokapejte salátovým dresinkem dle vlastního výběru.

Tortillu srolujte, podávejte a vychutnávejte.

Výživa (na 100 g):434 kalorií 10 g tuků 65 g sacharidů 21 g bílkovin 691 mg sodíku

Fattoush - chléb z Blízkého východu

Doba přípravy: 10 minut

čas na vaření: 15 minut

Porce: 6

Obtížnost: Těžká D

Ingredience:

- 2 placky
- 1 lžíce extra panenského olivového oleje
- 1/2 lžičky škumpy, více na později
- sůl a pepř
- 1 římský salát srdce
- 1 anglická okurka
- 5 romských rajčat
- 5 jarních cibulek
- 5 ředkviček
- 2 šálky nasekané čerstvé petrželové natě
- 1 šálek nasekaných čerstvých lístků máty
- <u>Ingredience na dresink:</u>
- 1 1/2 limetky, šťáva z
- 1/3 šálku extra panenského olivového oleje
- sůl a pepř
- 1 lžička mletého škumpy
- 1/4 lžičky mleté skořice
- těsně pod 1/4 lžičky mletého nového koření

Pokyny:

Chléb opékejte v toustovači po dobu 5 minut. A pak placku nalámejte na kousky.

Ve velké pánvi na středně vysoké teplotě zahřívejte 3 lžíce olivového oleje po dobu 3 minut. Přidejte placku a opékejte za stálého míchání, dokud nezhnědne, asi 4 minuty.

Přidejte sůl, pepř a 1/2 lžičky škumpy. Odstraňte pita chipsy z ohně a položte na kuchyňský papír, aby okapaly.

Ve velké salátové míse smíchejte nakrájený salát, okurku, rajčata, jarní cibulku, nakrájenou ředkvičku, mátu a petržel.

Na limetkový vinaigrette smíchejte všechny ingredience v malé misce.

Zálivku vmícháme do salátu a dobře promícháme. Vmícháme placku.

Podávejte a užívejte si.

Výživa (na 100 g):192 kalorií 13,8 g tuku 16,1 g sacharidů 3,9 g bílkovin 655 mg sodíku

Mušle na bílém víně

Doba přípravy: 5 minut

čas na vaření: 10 min

Porce: 2

Obtížnost: Těžká D

Ingredience:

- 2 libry Živé mušle, čerstvé
- 1 šálek suchého bílého vína
- 1/4 lžičky mořské soli, jemné
- 3 stroužky česneku, nakrájené
- 2 lžičky šalotky, nakrájené na kostičky
- 1/4 šálku petrželky, čerstvé a nasekané, rozdělené
- 2 lžíce olivového oleje
- 1/4 citronu, šťáva

Pokyny:

Vyndejte cedník, vydrhněte mušle a opláchněte je ve studené vodě. Vyhoďte všechny mušle, které se při poklepání nezavřou, a poté pomocí odřezávacího nože odstraňte vousy z každé.

Vyjměte hrnec, nastavte na středně vysokou teplotu a přidejte česnek, šalotku, víno a petržel. Přiveďte k varu. Jakmile bude plynule vařit, přidejte mušle a přikryjte. Nechte je pět až sedm minut louhovat. Ujistěte se, že se nepřevaří.

Vyjměte je děrovanou lžící a do hrnce přidejte citronovou šťávu a olivový olej. Před podáváním s petrželkou dobře promíchejte a zalijte mušle vývarem.

Výživa (na 100 g):345 kalorií 9 g tuku 18 g sacharidů 37 g bílkovin 693 mg sodíku

Dilly losos

Doba přípravy: 10 minut

čas na vaření: 15 minut

Porce: 2

Úroveň obtížnosti: Průměrná

Ingredience:

- 2 filety lososa, každý 6 uncí
- 1 lžíce olivového oleje
- 1/2 mandarinky, odšťavněná
- 2 lžičky pomerančové kůry
- 2 lžíce kopru, čerstvého a nasekaného
- Mořská sůl a černý pepř podle chuti

Pokyny:

Předehřejte troubu na 375 stupňů a poté vyjměte dva 10palcové kusy fólie. Potřete filety z obou stran olivovým olejem, než je dochutíte solí a pepřem. Každý filet vložte do kousku fólie.

Vymačkejte pomerančový džus a pak pokapejte pomerančovou kůru a kopr. Složte balíček, ujistěte se, že ve fólii jsou dva palce vzduchu, aby se vaše ryby mohly zapařit, a poté položte na zapékací misku.

Pečte patnáct minut před otevřením balíčků a rozdělte na dva servírovací talíře. Před podáváním přelijte omáčkou.

Výživa (na 100 g):366 kalorií 14 g tuků 9 g sacharidů 36 g bílkovin 689 mg sodíku

Hladký losos

Doba přípravy: 8 minut

čas na vaření: 8 minut

Porce: 2

Úroveň obtížnosti: Snadná

Ingredience:

- Losos, 6 uncí filet
- Citron, 2 plátky
- kapary, 1 polévková lžíce
- mořská sůl a pepř, 1/8 lžičky
- Extra panenský olivový olej, 1 polévková lžíce

Pokyny:

Umístěte čistou pánev na střední teplotu a vařte 3 minuty. Na talíř dejte olivový olej a potřete jím lososa po celém těle. Smažte lososa na pánvi na vysoké teplotě.

Nahoďte lososa zbývajícími ingrediencemi a otočte, aby se opékala z každé strany. Všimněte si, zda jsou obě strany hnědé. Na každou stranu to může trvat 3–5 minut. Ujistěte se, že je losos propečený testováním vidličkou.

Podávejte s plátky citronu.

Výživa (na 100 g):371 kalorií 25,1 g tuku 0,9 g sacharidů 33,7 g bílkovin 782 mg sodíku

Melodie s tuňákem

Doba přípravy: 20 minut

čas na vaření: 20 minut

Porce: 2

Úroveň obtížnosti: Snadná

Ingredience:

- Tuňák, 12 oz
- jarní cibulka, 1 na ozdobu
- Paprika, ¼, nakrájená
- Ocet, 1 panák
- sůl a pepř na dochucení
- Avokádo, 1 půlka a pecky
- Řecký jogurt, 2 polévkové lžíce

Pokyny:

V misce smíchejte tuňáka s octem, cibulí, jogurtem, avokádem a pepřem.

Přidejte koření, promíchejte a podávejte s oblohou z jarní cibulky.

Výživa (na 100 g):294 kalorií 19 g tuků 10 g sacharidů 12 g bílkovin 836 mg sodíku

mořský sýr

Doba přípravy: 12 minut

čas na vaření: 25 minut

Porce: 2

Úroveň obtížnosti: Snadná

Ingredience:

- Losos, 6 uncí filet
- Sušená bazalka, 1 polévková lžíce
- Sýr, 2 lžíce, strouhaný
- Rajče, 1, nakrájené
- Extra panenský olivový olej, 1 polévková lžíce

Pokyny:

Připravte troubu na 375 F. Vložte hliníkovou fólii do kastrolu a postříkejte olejem na vaření. Lososa opatrně položte na plech a posypte zbývajícími ingrediencemi.

Lososa necháme 20 minut zhnědnout. Nechte pět minut vychladnout a přendejte na servírovací talíř. Uprostřed lososa můžete vidět polevu.

Výživa (na 100 g):411 kalorií 26,6 g tuků 1,6 g sacharidů 8 g bílkovin 822 mg sodíku

Zdravé steaky

Doba přípravy: 10 minut

čas na vaření: 20 minut

Porce: 2

Úroveň obtížnosti: Snadná

Ingredience:

- olivový olej, 1 lžička
- Halibut Steak, 8 oz
- Česnek, ½ lžičky, nasekaný
- máslo, 1 polévková lžíce
- sůl a pepř na dochucení

Pokyny:

Zahřejte pánev a přidejte olej. Steaky opečeme na středně vysoké pánvi, rozpustíme máslo s česnekem, osolíme a opepříme. Přidejte steaky, promíchejte, obalte a podávejte.

Výživa (na 100 g):284 kalorií 17 g tuku 0,2 g sacharidů 8 g bílkovin 755 mg sodíku

bylinkový losos

Doba přípravy: 8 minut

čas na vaření: 18 minut

Porce: 2

Úroveň obtížnosti: Snadná

Ingredience:

- Losos, 2 filety bez kůže
- Hrubá sůl podle chuti
- Extra panenský olivový olej, 1 polévková lžíce
- Citron, 1, nakrájený na plátky
- Čerstvý rozmarýn, 4 snítky

Pokyny:

Předehřejte troubu na 400 F. Vložte hliníkovou fólii do zapékací misky a položte na ni lososa. Lososa posypte zbylými přísadami a pečte 20 minut. Ihned podáváme s plátky citronu.

Výživa (na 100 g):257 kalorií 18 g tuku 2,7 g sacharidů 7 g bílkovin 836 mg sodíku

Smokey Glazed Tuňák

Doba přípravy: 35 minut

čas na vaření: 10 min

Porce: 2

Úroveň obtížnosti: Snadná

Ingredience:

- Tuňák, 4-uncové steaky
- pomerančový džus, 1 polévková lžíce
- Mletý česnek, ½ stroužku
- citronová šťáva, ½ lžičky
- Čerstvá petržel, 1 polévková lžíce, nasekaná
- sójová omáčka, 1 polévková lžíce
- Extra panenský olivový olej, 1 polévková lžíce
- Mletý černý pepř, ¼ lžičky
- Oregano, ¼ lžičky

Pokyny:

Vyberte mixovací nádobu a přidejte všechny ingredience kromě tuňáka. Dobře promíchejte a poté přidejte tuňáka do marinády. Tuto směs chlaďte půl hodiny. Rozpálíme grilovací pánev a tuňáka opékáme z každé strany 5 minut. Podávejte uvařené.

Výživa (na 100 g):200 kalorií 7,9 g tuku 0,3 g sacharidů 10 g bílkovin 734 mg sodíku

Křupavý halibut

Doba přípravy: 20 minut

čas na vaření: 15 minut

Porce: 2

Úroveň obtížnosti: Snadná

Ingredience:

- petržel na vrchol
- Čerstvý kopr, 2 polévkové lžíce, nasekaný
- Čerstvá pažitka, 2 lžíce, nasekaná
- olivový olej, 1 polévková lžíce
- sůl a pepř na dochucení
- Halibut, filety, 6 oz
- Citronová kůra, ½ lžičky, jemně nastrouhaná
- Řecký jogurt, 2 polévkové lžíce

Pokyny:

Předehřejte troubu na 400 F. Plech vyložte alobalem. Všechny ingredience dejte do široké mísy a filety marinujte. Opláchněte a osušte filety; Poté vložte do trouby a pečte 15 minut.

Výživa (na 100 g):273 kalorií 7,2 g tuku 0,4 g sacharidů 9 g bílkovin 783 mg sodíku

Fit tuňák

Doba přípravy: 15 minut

čas na vaření: 10 min

Porce: 2

Úroveň obtížnosti: Snadná

Ingredience:

- vejce, ½
- Cibule, 1 polévková lžíce, jemně nakrájená
- celer top
- sůl a pepř na dochucení
- Česnek, 1 stroužek, nakrájený
- Konzervovaný tuňák, 7 oz
- Řecký jogurt, 2 polévkové lžíce

Pokyny:

Tuňáka sceďte, přidejte vejce a jogurt s česnekem, sůl a pepř.

Tuto směs smícháme s cibulí v míse a tvarujeme placičky. Vezměte velkou pánev a opékejte placičky 3 minuty z každé strany. Scedíme a podáváme.

Výživa (na 100 g): 230 kalorií 13 g tuku 0,8 g sacharidů 10 g bílkovin 866 mg sodíku

Horké a čerstvé rybí steaky

Doba přípravy: 14 minut

čas na vaření: 14 minut

Porce: 2

Úroveň obtížnosti: Snadná

Ingredience:

- Česnek, 1 stroužek, nakrájený
- citronová šťáva, 1 polévková lžíce
- hnědý cukr, 1 polévková lžíce
- Steak z halibuta, 1 lb
- sůl a pepř na dochucení
- sójová omáčka, ¼ lžičky
- máslo, 1 lžička
- Řecký jogurt, 2 polévkové lžíce

Pokyny:

Předehřejte gril na střední plamen. V misce smíchejte máslo, cukr, jogurt, citronovou šťávu, sójovou omáčku a koření. Směs zahřejte na pánvi. Touto směsí potřete steak při grilování. Podávejte horké.

Výživa (na 100 g): 412 kalorií 19,4 g tuku 7,6 g sacharidů 11 g bílkovin 788 mg sodíku

Shells O'Marine

Doba přípravy: 20 minut

čas na vaření: 10 min

Porce: 2

Úroveň obtížnosti: Snadná

Ingredience:

- Mušle, vyčištěné a zbavené kůry, 1 lb
- kokosové mléko, ½ šálku
- Kajenský pepř, 1 lžička
- Čerstvá citronová šťáva, 1 polévková lžíce
- Česnek, 1 lžička, nasekaný
- Koriandr, čerstvě nasekaný na ozdobu
- hnědý cukr, 1 lžička

Pokyny:

Všechny ingredience kromě mušlí smícháme v hrnci. Směs zahřejte a přiveďte k varu. Přidejte mušle a vařte 10 minut. Podávejte v misce s uvařenou tekutinou.

Výživa (na 100 g):483 kalorií 24,4 g tuku 21,6 g sacharidů 1,2 g bílkovin 499 mg sodíku

Pomalý hrnec Středomořská hovězí pečeně

Doba přípravy: 10 minut

čas na vaření: 10 hodin a 10 minut

Porce: 6

Úroveň obtížnosti: Průměrná

Ingredience:

- 3 libry sklíčidlo pečeně, bez kostí
- 2 lžičky rozmarýnu
- ½ šálku rajčat, sušených a nakrájených
- 10 stroužků nastrouhaného česneku
- ½ šálku hovězího vývaru
- 2 lžíce balzamikového octa
- ¼ šálku nasekané italské petrželky, čerstvé
- ¼ šálku nakrájených oliv
- 1 lžička citronové kůry
- ¼ šálku krupice

Pokyny:

Do pomalého hrnce přidejte česnek, sušená rajčata a rostbíf.

Přidejte hovězí vývar a rozmarýn. Zavřete sporák a pomalu vařte 10 hodin.

Po uvaření maso vyjmeme a maso nakrájíme. Vyhoďte tuk. Nakrájené maso vraťte do pomalého hrnce a vařte 10 minut. V malé misce smíchejte citronovou kůru, petrželku a olivy. Směs chlaďte, dokud není připravena k podávání. Ozdobte vychlazenou směsí.

Podávejte přes těstoviny nebo vaječné nudle. Zasypte sýrem.

Výživa (na 100 g):314 kalorií 19 g tuku 1 g sacharidů 32 g bílkovin 778 mg sodíku

Pomalý hrnec středomořské hovězí s artyčoky

čas na přípravu: 3 hodiny a 20 minut

čas na vaření: 7 hodin a 8 minut

Porce: 6

Úroveň obtížnosti: Snadná

Ingredience:

- 2 libry hovězího masa na dušení
- 14 uncí artyčokových srdcí
- 1 lžíce hroznového oleje
- 1 nakrájená cibule
- 32 uncí hovězího vývaru
- 4 stroužky česneku, nastrouhané
- 14½ unce konzervovaných rajčat, nakrájených na kostičky
- 15 uncí rajčatové omáčky
- 1 lžička sušeného oregana
- ½ šálku vypeckovaných, nakrájených oliv
- 1 lžička sušené petrželky
- 1 lžička sušeného oregana
- ½ lžičky mletého kmínu
- 1 lžička sušené bazalky
- 1 bobkový list
- ½ lžičky soli

Pokyny:

Nalijte trochu oleje do velké nepřilnavé pánve a zahřívejte na středně vysokou teplotu. Hovězí maso opečeme z obou stran dohněda. Přeneste hovězí maso do pomalého hrnce.

Přidáme hovězí vývar, nakrájená rajčata, rajčatovou omáčku, sůl a promícháme. Zalijte hovězím vývarem, nakrájenými rajčaty, oreganem, olivami, bazalkou, petrželkou, bobkovým listem a římským kmínem. Směs důkladně promíchejte.

Uzavřete a vařte na mírném ohni 7 hodin. Vyhoďte bobkový list k podávání. Podávejte horké.

Výživa (na 100 g):416 kalorií 5 g tuků 14,1 g sacharidů 29,9 g bílkovin 811 mg sodíku

Středomořská hubená pečeně v pomalém hrnci

Doba přípravy: 30 minut

Doba vaření: 8 hodin

Porce: 10

Obtížnost: Těžká D

Ingredience:

- 4 libry kulaté pečené oko
- 4 stroužky česneku
- 2 lžičky olivového oleje
- 1 lžička čerstvě mletého černého pepře
- 1 šálek nakrájené cibule
- 4 mrkve, nakrájené
- 2 lžičky sušeného rozmarýnu
- 2 nakrájené celerové tyčinky
- 28 uncí konzervovaných drcených rajčat
- 1 šálek hovězího vývaru s nízkým obsahem sodíku
- 1 šálek červeného vína
- 2 lžičky soli

Pokyny:

Roštěnku ochutíme solí, česnekem a pepřem a dáme stranou. Do potažené pánve dáme olej a zahříváme na středním plameni. Přidejte hovězí maso a opečte ze všech stran dohněda. Nyní přesuňte pečené hovězí do 6litrového pomalého hrnce. Do pánve přidejte mrkev, cibuli, rozmarýn a celer. Pokračujte ve vaření, dokud cibule a zelenina nezměknou.

Do této zeleninové směsi vmícháme rajčata a víno. Přidejte hovězí vývar a směs rajčat do pomalého hrnce spolu se zeleninovou směsí. Zavřete a 8 hodin vařte na nízké teplotě.

Jakmile je maso upečené, vyjměte ho z pomalého hrnce, položte na prkénko a zabalte do hliníkové fólie. Aby omáčka zhoustla, dejte ji do hrnce a vařte na mírném ohni, dokud nedosáhne požadované konzistence. Před podáváním vyhoďte tuky.

Výživa (na 100 g):260 kalorií 6 g tuku 8,7 g sacharidů 37,6 g bílkovin 588 mg sodíku

Sekaná v pomalém hrnci

Doba přípravy: 10 minut

čas na vaření: 6 hodin a 10 minut

Porce: 8

Úroveň obtížnosti: Průměrná

Ingredience:

- 2 libry zemního bizona
- 1 nastrouhaná cuketa
- 2 velká vejce
- Olivový olej ve spreji na vaření podle potřeby
- 1 cuketa, nakrájená
- ½ šálku čerstvé petrželky, jemně nasekané
- ½ šálku parmazánu, strouhaného
- 3 lžíce balzamikového octa
- 4 stroužky česneku, nastrouhané
- 2 lžíce nakrájené cibule
- 1 lžíce sušeného oregana
- ½ lžičky mletého černého pepře
- ½ lžičky košer soli
- Pro zakrytí:
- ¼ šálku strouhaného sýra mozzarella
- ¼ šálku kečupu bez cukru
- ¼ šálku čerstvě nasekané petrželky

Pokyny:

Vnitřek 6litrového pomalého hrnce vyložte hliníkovou fólií. Nastříkejte na něj nepřilnavý kuchyňský olej.

Ve velké míse smíchejte mletého bizona nebo extra libovou hovězí svíčkovou, cuketu, vejce, petržel, balzamikový ocet, česnek, sušené oregano, mořskou nebo košer sůl, nakrájenou suchou cibuli a mletý černý pepř.

Tuto směs přidejte do pomalého hrnce a vytvořte podlouhlý bochník. Zakryjte sporák, snižte teplotu a vařte 6 hodin. Po uvaření otevřeme sporák a sekanou potřeme kečupem.

Nyní položte sýr jako novou vrstvu na kečup a zavřete pomalý hrnec. Na těchto dvou vrstvách necháme sekanou odpočinout asi 10 minut nebo dokud se sýr nezačne rozpouštět. Ozdobte čerstvou petrželkou a nastrouhanou mozzarellou.

Výživa (na 100 g):320 kalorií 2g tuku 4g sacharidů 26g bílkovin 681mg sodíku

Pomalý hrnec Středomořské hovězí Hoagies

Doba přípravy: 10 minut

Doba vaření: 13 hodin

Porce: 6

Úroveň obtížnosti: Průměrná

Ingredience:

- 3 libry hovězího top kulatá pečeně bez tuku
- ½ lžičky cibulového prášku
- ½ lžičky černého pepře
- 3 šálky hovězího vývaru s nízkým obsahem sodíku
- 4 lžičky směsi salátového dresinku
- 1 bobkový list
- 1 lžíce česneku, nasekaný
- 2 červené papriky, nakrájené na tenké plátky
- 16 uncí pálivé papriky
- 8 plátků Sargento Provolone, tenké
- 2 unce bezlepkového chleba
- ½ lžičky soli
- <u>Na dochucení:</u>
- 1½ lžičky cibulového prášku
- 1½ lžičky česnekového prášku
- 2 lžíce sušené petrželky

- 1 lžička stévie
- ½ lžičky sušeného tymiánu
- 1 lžíce sušeného oregana
- 2 lžíce černého pepře
- 1 polévková lžíce soli
- 6 plátků sýra

Pokyny:

Pečeně osušte papírovou utěrkou. Smíchejte černý pepř, cibulový prášek a sůl v malé misce a směsí potřete výpek. Ochucenou pečínku dejte do pomalého hrnce.

Do pomalého hrnce dejte vývar, směs na zálivku, bobkový list a česnek. Pečlivě to spojte. Zavřete a nechte 12 hodin vařit na nízké úrovni. Po uvaření vyjměte bobkový list.

Uvařené hovězí maso vyjmeme a hovězí nakrájíme. Nechte si nakrájené hovězí maso a přidejte papriku. Vložte papriky a chilli papričky do pomalého hrnce. Zakryjte sporák a vařte na mírném ohni 1 hodinu. Před podáváním naplňte každý bochník 3 uncemi masové směsi. Navrch dejte plátek sýra. Tekutou omáčku lze použít jako dip.

Výživa (na 100 g):442 kalorií 11,5 g tuku 37 g sacharidů 49 g bílkovin 735 mg sodíku

Středomořská pečená vepřová

Doba přípravy: 10 minut

čas na vaření: 8 hodin a 10 minut

Porce: 6

Úroveň obtížnosti: Průměrná

Ingredience:

- 2 lžíce olivového oleje
- 2 libry vepřové pečeně
- ½ lžičky papriky
- ¾ šálku kuřecího vývaru
- 2 lžičky sušené šalvěje
- ½ lžíce nasekaného česneku
- ¼ lžičky sušené majoránky
- ¼ lžičky sušeného rozmarýnu
- 1 lžička oregana
- ¼ lžičky sušeného tymiánu
- 1 lžička bazalky
- ¼ lžičky košer soli

Pokyny:

V malé misce smíchejte vývar, olej, sůl a koření. Nalijte olivový olej do pánve a zahřívejte na středním ohni. Přidejte vepřové maso a restujte, dokud nejsou všechny strany hnědé.

Když je vepřové maso uvařené, vyjmeme a výpek po celém těle propícháme nožem. Vložte pečené vepřové maso do hrnce o objemu 6 litrů. Nyní nalijte tekutou směs z malé mísy na pečeně.

Hrnec zakryjte a vařte na nízké teplotě po dobu 8 hodin. Po uvaření vyjmeme z hrnce, položíme na prkénko a nakrájíme na kousky. Poté vložte nakrájené vepřové maso zpět do hrnce. Vařte dalších 10 minut. Podávejte se sýrem feta, chlebem a rajčaty.

Výživa (na 100 g):361 kalorií 10,4 g tuku 0,7 g sacharidů 43,8 g bílkovin 980 mg sodíku

hovězí pizza

Doba přípravy: 20 minut

čas na vaření: 50 minut

Porce: 10

Obtížnost: Těžká D

Ingredience:

- Pro kůru:
- 3 hrnky univerzální mouky
- 1 polévková lžíce cukru
- 2¼ lžičky aktivního sušeného droždí
- 1 lžička soli
- 2 lžíce olivového oleje
- 1 šálek teplé vody
- Pro malování:
- 1 libra mletého hovězího masa
- 1 střední cibule, nakrájená
- 2 lžíce rajčatového protlaku
- 1 lžíce mletého kmínu
- Sůl a mletý černý pepř podle potřeby
- ¼ šálku vody
- 1 šálek čerstvého špenátu, nakrájeného
- 8 uncí artyčokových srdcí, rozčtvrcených
- 4 unce čerstvých žampionů nakrájených na plátky

- 2 rajčata, nakrájená
- 4 unce sýra feta, rozdrobený

Pokyny:

Pro kůru:

Mouku, cukr, droždí a sůl smíchejte v kuchyňském robotu vybaveném hákem na těsto. Přidejte 2 lžíce oleje a teplou vodu a vypracujte hladké a elastické těsto.

Z těsta vytvarujte kouli a nechte asi 15 minut odpočívat.

Těsto položte na lehce pomoučněnou plochu a vyválejte do kruhu. Těsto nalijte do lehce vymazané kulaté formy na pizzu a lehce přitlačte. Nechte stranou asi 10-15 minut. Kůru potřete trochou oleje. Předehřejte troubu na 400 stupňů F.

Pro malování:

Hovězí maso opékejte v potažené pánvi na středním plameni asi 4–5 minut. Vmícháme cibuli a za častého míchání opékáme asi 5 minut. Přidejte rajčatový protlak, kmín, sůl, černý pepř a vodu a promíchejte.

Nastavte teplotu na střední a vařte asi 5-10 minut. Sundejte ze sporáku a dejte stranou. Hovězí směs položte na pizzu a navrch dejte špenát, poté artyčoky, žampiony, rajčata a sýr feta.

Pečte, dokud se sýr nerozpustí. Vyjměte z trouby a před krájením nechte 3-5 minut odpočinout. Nakrájíme na plátky požadované velikosti a podáváme.

Výživa (na 100 g):309 kalorií 8,7 g tuků 3,7 g sacharidů 3,3 g bílkovin 732 mg sodíku

Masové kuličky z hovězího a bulguru

Doba přípravy: 20 minut

čas na vaření: 28 minut

Porce: 6

Úroveň obtížnosti: Průměrná

Ingredience:

- ¾ šálku nevařeného bulguru
- 1 libra mletého hovězího masa
- ¼ šálku šalotky, nakrájené
- ¼ šálku čerstvé petrželky, nasekané
- ½ lžičky mletého nového koření
- ½ lžičky mletého kmínu
- ½ lžičky mleté skořice
- ¼ lžičky vloček červené papriky, drcené
- sůl, podle potřeby
- 1 lžíce olivového oleje

Pokyny:

Ve velké misce se studenou vodou namočte bulgur asi na 30 minut. Bulgur dobře sceďte, poté rukama vymačkejte, abyste odstranili přebytečnou vodu. V kuchyňském robotu smíchejte bulgur, hovězí maso, šalotku, petržel, koření, sůl a luštěniny do hladka.

Směs dejte do mísy, přikryjte a dejte do chladničky asi na 30 minut. Vyndejte z lednice a z hovězí směsi tvarujte stejně velké kuličky. Ve velké nepřilnavé pánvi rozehřejte olej na středně vysokou teplotu a karbanátky opékejte ve 2 dávkách, asi 13–14 minut, za častého otáčení. Podávejte teplé.

Výživa (na 100 g):228 kalorií 7,4 g tuku 0,1 g sacharidů 3,5 g bílkovin 766 mg sodíku

Chutné hovězí maso a brokolice

Doba přípravy: 10 minut

čas na vaření: 15 minut

Porce: 4

Úroveň obtížnosti: Snadná

Ingredience:

- 1 a ½ libry. flank steak
- 1 polévková lžíce. olivový olej
- 1 polévková lžíce. Tamari omáčka
- 1 šálek hovězího vývaru
- 1 libra brokolice, růžičky oddělené

Pokyny:

Steakové nudličky smícháme s olejem a tamari, promícháme a necháme 10 minut odpočinout. V režimu restování vytočte instantní hrnec, vložte nudličky hovězího masa a opékejte je z každé strany 4 minuty. Vmíchejte vývar, hrnec znovu přikryjte a 8 minut vařte na nejvyšší stupeň. Vmíchejte brokolici, přikryjte a vařte na nejvyšší stupeň další 4 minuty. Vše dejte na talíře a podávejte. Užívat si!

Výživa (na 100 g):312 kalorií 5 g tuků 20 g sacharidů 4 g bílkovin 694 mg sodíku

Hovězí kukuřičné chilli

Doba přípravy: 8-10 minut

čas na vaření: 30 minut

Porce: 8

Úroveň obtížnosti: Průměrná

Ingredience:

- 2 malé cibule, nakrájené (jemně)
- ¼ šálku konzervované kukuřice
- 1 polévková lžíce oleje
- 10 uncí libového mletého hovězího masa
- 2 malé chilli papričky, nakrájené na kostičky

Pokyny:

Zapněte Instant Pot. Klikněte na „SAUTEN". Nalijte olej, poté vmíchejte cibuli, chilli papričku a hovězí maso; vaříme do průsvitnosti a změknutí. Nalijte 3 šálky vody do hrnce; dobře promíchejte.

Zavřete víko. Vyberte MEAT/DUSTEW. Nastavte časovač na 20 minut. Nechte vařit, dokud časovač neklesne na nulu.

Klikněte na "CANCEL" a poté klikněte na "NPR" pro uvolnění přirozeného tlaku po dobu asi 8-10 minut. Otevřete misku a umístěte na servírovací talíře. Sloužit.

Výživa (na 100 g):94 kalorií 5 g tuků 2 g sacharidů 7 g bílkovin 477 mg sodíku

Balzamikový pokrm z hovězího masa

Doba přípravy: 5 minut

čas na vaření: 55 minut

Porce: 8

Úroveň obtížnosti: Průměrná

Ingredience:

- 3 libry sklíčidlo pečeně
- 3 stroužky česneku, nakrájené na tenké plátky
- 1 polévková lžíce oleje
- 1 lžička ochuceného octa
- ½ lžičky pepře
- ½ lžičky rozmarýnu
- 1 lžíce másla
- ½ lžičky tymiánu
- ¼ šálku balzamikového octa
- 1 hrnek hovězího vývaru

Pokyny:

Do výpeku nakrájíme zářezy a dokola naplníme plátky česneku. Smíchejte ochucený ocet, rozmarýn, pepř, tymián a směsí potřete výpek. Hrnec nastavíme na režim soté a vmícháme olej, olej necháme rozehřát. Pečeme z obou stran.

Vyjměte ji a odložte stranou. Vmícháme máslo, bujón, balzamikový ocet a rendlík odglazujeme. Vraťte pečeni a zavřete poklici, poté pečte 40 minut na VYSOKÝ TLAK.

Proveďte rychlé uvolnění. Sloužit!

Výživa (na 100 g):393 kalorií 15 g tuků 25 g sacharidů 37 g bílkovin 870 mg sodíku

Sojová omáčka rostbíf

Doba přípravy: 8 minut

čas na vaření: 35 minut

Porce: 2-3

Úroveň obtížnosti: Průměrná

Ingredience:

- ½ lžičky hovězího vývaru
- 1 ½ lžičky rozmarýnu
- ½ lžičky mletého česneku
- 2 libry hovězí pečeně
- 1/3 šálku sójové omáčky

Pokyny:

Smíchejte sójovou omáčku, bujón, rozmarýn a česnek v míse.

Zapněte svůj Instant Pot. Umístěte pečeně a zalijte dostatečným množstvím vody, aby pečeně pokryla; jemně promíchejte, aby se dobře promíchalo. Pevně ji uzavřete.

Klikněte na funkci vaření "MASO/DUŠENÉ"; Nastavte úroveň tlaku na "HIGH" a nastavte dobu vaření na 35 minut. Nechte vyvinout tlak, aby se ingredience uvařily. Až budete hotovi, klikněte na nastavení „ZRUŠIT" a poté klikněte na funkci vaření „NPR", aby se tlak přirozeně uvolnil.

Postupně odklopte víko a maso nakrájejte. Nakrájené maso vmícháme zpět do zeminy a dobře promícháme. Nalijte do servírovacích nádob. Podávejte teplé.

Výživa (na 100 g):423 kalorií 14 g tuku 12 g sacharidů 21 g bílkovin 884 mg sodíku

Rozmarýnová hovězí Chuck Pečeně

Doba přípravy: 5 minut

čas na vaření: 45 minut

Porce: 5-6

Úroveň obtížnosti: Průměrná

Ingredience:

- 3 libry chuck hovězí pečeně
- 3 stroužky česneku
- ¼ šálku balzamikového octa
- 1 snítka čerstvého rozmarýnu
- 1 snítka čerstvého tymiánu
- 1 šálek vody
- 1 lžíce rostlinného oleje
- sůl a pepř na dochucení

Pokyny:

Nakrájejte rostbíf a přidejte stroužky česneku. Pečeně potřeme bylinkami, černým pepřem a solí. Předehřejte si instantní hrnec na stupeň restování a nalijte do něj olej. Po zahřátí vmícháme roastbeef a za stálého míchání opékáme ze všech stran dohněda. Přidejte zbývající přísady; jemně promíchejte.

Pevně uzavřete a vařte na nejvyšší stupeň na ručním nastavení 40 minut. Uvolněte tlak přirozeně, asi 10 minut. Hovězí pečínku zakryjte a položte na servírovací talíře, nakrájejte a podávejte.

Výživa (na 100 g):542 kalorií 11,2 g tuku 8,7 g sacharidů 55,2 g bílkovin 710 mg sodíku

Vepřové kotlety a rajčatová omáčka

Doba přípravy: 10 minut

čas na vaření: 20 minut

Porce: 4

Úroveň obtížnosti: Snadná

Ingredience:

- 4 vepřové kotlety, vykostěné
- 1 lžíce sójové omáčky
- ¼ lžičky sezamového oleje
- 1 a ½ šálku rajčatového protlaku
- 1 žlutá cibule
- 8 hub, nakrájených na plátky

Pokyny:

Vepřové kotlety smíchejte v misce se sójovou omáčkou a sezamovým olejem, promíchejte a nechte 10 minut odstát. Nastavte instantní hrnec na režim restování, přidejte vepřové kotlety a opékejte je 5 minut z každé strany. Vmícháme cibuli a restujeme další 1-2 minuty. Přidejte rajčatový protlak a houby, promíchejte, přikryjte a vařte na nejvyšší stupeň 8-9 minut. Vše dejte na talíře a podávejte. Užívat si!

Výživa (na 100 g):300 kalorií 7 g tuku 18 g sacharidů 4 g bílkovin 801 mg sodíku

Kuře s kaparovou omáčkou

Doba přípravy: 10 minut

čas na vaření: 18 minut

Porce: 5

Obtížnost: Těžká D

Ingredience:

- <u>Na kuře:</u>
- 2 vejce
- Sůl a mletý černý pepř podle potřeby
- 1 hrnek suché strouhanky
- 2 lžíce olivového oleje
- 1½ libry vykostěných půlek kuřecích prsou bez kůže, naklepaných na „tloušťku palce a nakrájených na kousky"
- <u>Na kaparovou omáčku:</u>
- 3 lžíce kapary
- ½ šálku suchého bílého vína
- 3 lžíce čerstvé citronové šťávy
- Sůl a mletý černý pepř podle potřeby
- 2 lžíce čerstvé petrželky, nasekané

Pokyny:

Pro kuře: Do mělké mísy přidejte vejce, sůl a černý pepř a šlehejte, dokud se dobře nespojí. V další mělké misce přidejte strouhanku. Kuřecí kousky namočte do vaječné směsi a poté rovnoměrně potřete strouhankou. Přebytečnou strouhanku setřete.

142

Zahřejte olej na středně vysokou teplotu a opékejte kousky kuřete asi 5-7 minut z každé strany, nebo dokud nebudou hotové. Kuřecí kousky pokládáme děrovanou lžící na talíř vyložený kuchyňským papírem. Kuřecí kousky zakryjte kouskem alobalu, aby zůstaly teplé.

Do stejné pánve přidejte všechny ingredience na omáčku kromě petrželky a za stálého míchání vařte asi 2-3 minuty. Vmícháme petrželku a odstavíme ze sporáku. Kuřecí kousky podávejte přelité kaparovou omáčkou.

Výživa (na 100 g):352 kalorií 13,5 g tuku 1,9 g sacharidů 1,2 g bílkovin 741 mg sodíku

Krůtí burger s mangovou salsou

Doba přípravy: 15 minut

čas na vaření: 10 min

Porce: 6

Úroveň obtížnosti: Snadná

Ingredience:

- 1½ libry mletých krůtích prsou
- 1 lžička mořské soli, rozdělená
- ¼ lžičky čerstvě mletého černého pepře
- 2 lžíce extra panenského olivového oleje
- 2 manga, oloupaná, zbavená semínek a nakrájená na kostičky
- ½ červené cibule, nakrájené nadrobno
- šťáva z 1 limetky
- 1 stroužek česneku, nasekaný
- ½ papričky jalapeňo, zbavené semínek a nakrájené nadrobno
- 2 lžíce nasekaných lístků čerstvého koriandru

Pokyny:

Z krůtích prsou vytvořte 4 placičky a dochuťte ½ lžičky mořské soli a pepře. Zahřejte olivový olej na nepřilnavé pánvi, dokud se nebude třpytit. Přidejte krůtí karbanátky a opékejte, dokud nezhnědnou, asi 5 minut z každé strany. Zatímco se placičky vaří, smíchejte v malé misce mango, červenou cibuli, limetkovou šťávu, česnek, jalapeňo, koriandr a zbývající ½ lžičky mořské soli. Krůtí placičky přelijte salsou a podávejte.

Výživa (na 100 g):384 kalorií 3 g tuku 27 g sacharidů 34 g bílkovin 692 mg sodíku

Krůtí prsa pečená na bylinkách

Doba přípravy: 15 minut

čas na vaření: 1½ hodiny (plus 20 minut odpočinku)

Porce: 6

Úroveň obtížnosti: Průměrná

Ingredience:

- 2 lžíce extra panenského olivového oleje
- 4 stroužky česneku, nakrájené
- kůra z 1 citronu
- 1 lžíce nasekaných lístků čerstvého tymiánu
- 1 lžíce nasekaných čerstvých listů rozmarýnu
- 2 lžíce nasekané čerstvé italské petrželky
- 1 lžička mleté hořčice
- 1 lžička mořské soli
- ¼ lžičky čerstvě mletého černého pepře
- 1 (6 liber) vykostěné krůtí prso s kůží
- 1 šálek suchého bílého vína

Pokyny:

Předehřejte troubu na 325 °F. Smíchejte dohromady olivový olej, česnek, citronovou kůru, tymián, rozmarýn, petržel, hořčici, mořskou sůl a pepř. Krůtí prsa rovnoměrně potřete bylinkovou směsí, uvolněte kůži a potřete i zespodu. Vložte krůtí prsa kůží nahoru do pekáče na mřížce.

Nalijte víno do pánve. Pečte, dokud krůta nedosáhne vnitřní teploty 165 stupňů F, 1 až 1½ hodiny. Před krájením vyjměte z trouby a 20 minut udržujte v teple odděleně s hliníkovou fólií.

Výživa (na 100 g):392 kalorií 1g tuku 2g sacharidů 84g bílkovin 741mg sodíku

Kuřecí klobása a paprika

Doba přípravy: 10 minut

čas na vaření: 20 minut

Porce: 6

Úroveň obtížnosti: Průměrná

Ingredience:

- 2 lžíce extra panenského olivového oleje
- 6 odkazů na italskou kuřecí klobásu
- 1 cibule
- 1 červená paprika
- 1 zelená paprika
- 3 stroužky česneku, nakrájené
- ½ šálku suchého bílého vína
- ½ lžičky mořské soli
- ¼ lžičky čerstvě mletého černého pepře
- Špetka vloček červené papriky

Pokyny:

Ve velké pánvi rozehřejte olivový olej, dokud se nezačne třpytit. Přidejte klobásy a vařte za občasného obracení, dokud nezhnědnou a nedosáhnou vnitřní teploty 165 °F, 5 až 7 minut. Pomocí kleští vyjměte klobásu z pánve a udržujte ji teplou na talíři pokrytém hliníkovou fólií.

Pánev přivedeme na sporák a vmícháme cibuli, červenou papriku a zelenou papriku. Vařte za občasného míchání, dokud zelenina nezačne hnědnout. Přidejte česnek a za stálého míchání vařte 30 sekund.

Vmíchejte víno, mořskou sůl, pepř a vločky červené papriky. Vytáhněte všechny zhnědlé kousky ze dna pánve a přiklopte je. Vařte za stálého míchání další 4 minuty, dokud se tekutina nezredukuje na polovinu. Papriky nasypte na párky a podávejte.

Výživa (na 100 g):173 kalorií 1g tuku 6g sacharidů 22g bílkovin 582mg sodíku

Kuřecí Piccata

Doba přípravy: 10 minut

čas na vaření: 15 minut

Porce: 6

Úroveň obtížnosti: Průměrná

Ingredience:

- ½ šálku celozrnné mouky
- ½ lžičky mořské soli
- 1/8 lžičky čerstvě mletého černého pepře
- 1½ libry kuřecích prsou, nakrájených na 6 kusů
- 3 lžíce extra panenského olivového oleje
- 1 hrnek nesoleného kuřecího vývaru
- ½ šálku suchého bílého vína
- šťáva z 1 citronu
- kůra z 1 citronu
- ¼ šálku kapar, okapaných a opláchnutých
- ¼ šálku nasekané čerstvé petrželové natě

Pokyny:

V mělké misce smíchejte mouku, mořskou sůl a pepř. Kuře rozčešte v mouce a přebytek oklepejte. Vařte olivový olej, dokud se nerozetře.

Přidejte kuře a vařte, dokud nezhnědne, asi 4 minuty z každé strany. Vyjměte kuře z pánve a dejte stranou, zakryté hliníkovou fólií, aby zůstalo teplé.

Vraťte pánev na oheň a vmíchejte vývar, víno, citronovou šťávu, citronovou kůru a kapary. Pomocí lžičky přiklopte všechny opečené kousky ze dna pánve. Vaříme, dokud tekutina nezhoustne. Sundejte pánev z plotny a vraťte kuře zpět do pánve. Obraťte se na kabát. Vmícháme petrželku a podáváme.

Výživa (na 100 g):153 kalorií 2 g tuku 9 g sacharidů 8 g bílkovin 692 mg sodíku

Toskánské kuře na pánvi

Doba přípravy: 10 minut

čas na vaření: 25 minut

Porce: 6

Obtížnost: Těžká D

Ingredience:

- ¼ šálku extra panenského olivového oleje, rozdělený
- 1 libra vykostěných kuřecích prsou bez kůže, nakrájená na palcové kousky
- 1 cibule, nakrájená
- 1 červená paprika, nakrájená
- 3 stroužky česneku, nakrájené
- ½ šálku suchého bílého vína
- 1 (14 uncí) plechovka šťouchaných rajčat, neodkapaných
- 1 (14 uncí) plechovka nakrájených rajčat, okapaných
- 1 (14 uncí) plechovka fazolí, scezená
- 1 lžíce sušeného italského koření
- ½ lžičky mořské soli
- 1/8 lžičky čerstvě mletého černého pepře
- 1/8 lžičky vloček červené papriky
- ¼ šálku nasekaných lístků čerstvé bazalky

Pokyny:

Vařte 2 polévkové lžíce olivového oleje, dokud se nezbarví. Vmícháme kuře a opečeme dohněda. Vyjměte kuře z pánve a udržujte teplé na talíři pokrytém hliníkovou fólií.

Umístěte pánev zpět na oheň a zahřejte zbývající olivový olej. Přidejte cibuli a červenou papriku. Vařte za občasného míchání, dokud zelenina nezměkne. Přidejte česnek a za stálého míchání vařte 30 sekund.

Vmíchejte víno a pomocí strany lžíce odstraňte ze dna pánve všechny zhnědlé kousky. Za stálého míchání vařte 1 minutu.

Smíchejte rozmačkaná a nakrájená rajčata, fazole, italské koření, mořskou sůl, pepř a vločky červené papriky. Vřít. Vařte 5 minut za občasného míchání.

Vraťte kuře a veškerou šťávu, která se nashromáždila, do pánve. Vařte, dokud není kuře hotové. Před podáváním stáhněte z plotny a vmíchejte bazalku.

Výživa (na 100 g):271 kalorií 8g tuku 29g sacharidů 14g bílkovin 596mg sodíku

Kuřecí Kapama

Doba přípravy: 10 minut

Doba vaření: 2 hodiny

Porce: 4

Úroveň obtížnosti: Průměrná

Ingredience:

- 1 (32 uncí) plechovka nakrájených rajčat, okapaných
- ¼ šálku suchého bílého vína
- 2 lžíce rajčatového protlaku
- 3 lžíce extra panenského olivového oleje
- ¼ lžičky vloček červené papriky
- 1 lžička mletého nového koření
- ½ lžičky sušeného oregana
- 2 celé hřebíčky
- 1 tyčinka skořice
- ½ lžičky mořské soli
- 1/8 lžičky čerstvě mletého černého pepře
- 4 vykostěné půlky kuřecích prsou bez kůže

Pokyny:

Ve velkém hrnci smíchejte rajčata, víno, rajčatový protlak, olivový olej, vločky červené papriky, nové koření, oregano, hřebíček, skořici, mořskou sůl a pepř. Za občasného míchání přiveďte k varu. Vařte 30 minut za občasného míchání. Vyjměte a vyhoďte celý hřebíček a tyčinku skořice z omáčky a nechte omáčku vychladnout.

Předehřejte troubu na 350 °F. Umístěte kuře do zapékací misky o rozměrech 9 x 13 palců. Omáčku nalijte na kuře a zakryjte pánev alobalem. Pokračujte v pečení, dokud vnitřní teplota nedosáhne 165 °F.

Výživa (na 100 g):220 kalorií 3 g tuku 11 g sacharidů 8 g bílkovin 923 mg sodíku

Kuřecí prsa plněná špenátem a fetou

Doba přípravy: 10 minut

čas na vaření: 45 minut

Porce: 4

Úroveň obtížnosti: Průměrná

Ingredience:

- 2 lžíce extra panenského olivového oleje
- 1 libra čerstvého baby špenátu
- 3 stroužky česneku, nakrájené
- kůra z 1 citronu
- ½ lžičky mořské soli
- 1/8 lžičky čerstvě mletého černého pepře
- ½ šálku rozdrobeného sýra feta
- 4 kuřecí prsa bez kostí a kůže

Pokyny:

Předehřejte troubu na 350 °F. Olivový olej vařte na středním plameni, dokud nebude třpyt. Přidejte špenát. Pokračujte ve vaření a míchání, dokud nezvadne.

Vmíchejte česnek, citronovou kůru, mořskou sůl a pepř. Za stálého míchání vařte 30 sekund. Necháme mírně vychladnout a vmícháme sýr.

Špenátovou a sýrovou směs rovnoměrně rozprostřete na kousky kuřete a prsíčka srolujte kolem náplně. Uchovávejte zapečetěné párátky nebo řeznickým provázkem. Vložte prsa do zapékací misky o rozměrech 9 x 13 palců a pečte 30 až 40 minut, nebo dokud nebude mít kuře vnitřní teplotu 165 F. Vyjměte z trouby a před krájením a podáváním nechte 5 minut odpočinout.

Výživa (na 100 g):263 kalorií 3 g tuku 7 g sacharidů 17 g bílkovin 639 mg sodíku

Kuřecí stehýnka pečená na rozmarýnu

Doba přípravy: 5 minut

Doba vaření: 1 hodina

Porce: 6

Úroveň obtížnosti: Snadná

Ingredience:

- 2 lžíce nasekaných čerstvých listů rozmarýnu
- 1 lžička česnekového prášku
- ½ lžičky mořské soli
- 1/8 lžičky čerstvě mletého černého pepře
- kůra z 1 citronu
- 12 kuřecích paliček

Pokyny:

Předehřejte troubu na 350 °F. Smíchejte dohromady rozmarýn, česnekový prášek, mořskou sůl, pepř a citronovou kůru.

Paličky vložte do zapékací mísy 9" x 13" a posypte rozmarýnovou směsí. Pečte, dokud kuře nedosáhne vnitřní teploty 165 °F.

Výživa (na 100 g):163 kalorií 1g tuku 2g sacharidů 26g bílkovin 633mg sodíku

Kuře s cibulí, bramborami, fíky a mrkví

Doba přípravy: 5 minut

čas na vaření: 45 minut

Porce: 4

Úroveň obtížnosti: Průměrná

Ingredience:

- 2 šálky pečených brambor, rozpůlené
- 4 čerstvé fíky nakrájené na čtvrtky
- 2 mrkve, julien
- 2 lžíce extra panenského olivového oleje
- 1 lžička mořské soli, rozdělená
- ¼ lžičky čerstvě mletého černého pepře
- 4 kuřecí stehenní čtvrtky
- 2 lžíce nasekané čerstvé petrželové natě

Pokyny:

Troubu předehřejte na 425°C. V malé misce promíchejte brambory, fíky a mrkev s olivovým olejem, ½ lžičky mořské soli a pepře. Rozložte do zapékací misky o rozměrech 9 x 13 palců.

Kuře ochutíme zbylou t mořskou solí. Položte na zeleninu. Pečte, dokud zelenina nezměkne a kuře nedosáhne vnitřní teploty 165 °F. Posypeme petrželkou a podáváme.

Výživa (na 100 g):429 kalorií 4 g tuku 27 g sacharidů 52 g bílkovin 581 mg sodíku

Kuřecí gyros s tzatziki

Doba přípravy: 15 minut

čas na vaření: 1 hodina a 20 minut

Porce: 6

Úroveň obtížnosti: Průměrná

Ingredience:

- 1 libra mletých kuřecích prsou
- 1 cibule, nastrouhaná vyždímaná s přebytečnou vodou
- 2 lžíce sušeného rozmarýnu
- 1 lžíce sušené majoránky
- 6 stroužků česneku, nasekaných
- ½ lžičky mořské soli
- ¼ lžičky čerstvě mletého černého pepře
- Tzatziki omáčka

Pokyny:

Předehřejte troubu na 350 °F. V kuchyňském robotu smíchejte kuře, cibuli, rozmarýn, majoránku, česnek, mořskou sůl a pepř. Míchejte, dokud směs nevytvoří pastu. Případně tyto ingredience dobře promíchejte v misce (viz tip na přípravu).

Směs natlačíme do ošatky. Pečte, dokud nedosáhne vnitřní teploty 165 stupňů. Vyjměte z trouby a před krájením nechte 20 minut odpočinout.

Nakrájejte gyros a přelijte je omáčkou tzatziki.

Výživa (na 100 g):289 kalorií 1g tuku 20g sacharidů 50g bílkovin 622mg sodíku

musaka

Doba přípravy: 10 minut

čas na vaření: 45 minut

Porce: 8

Obtížnost: Těžká D

Ingredience:

- 5 lžic extra panenského olivového oleje, rozdělených
- 1 lilek, nakrájený na plátky (neloupaný)
- 1 cibule, nakrájená
- 1 zelená paprika, zbavená semínek a nakrájená
- 1 libra mletého krocana
- 3 stroužky česneku, nakrájené
- 2 lžíce rajčatového protlaku
- 1 (14 uncí) plechovka nakrájených rajčat, okapaných
- 1 lžíce italského koření
- 2 lžičky worcesterské omáčky
- 1 lžička sušeného oregana
- ½ lžičky mleté skořice
- 1 šálek neslazeného netučného čistého řeckého jogurtu
- 1 vejce, rozšlehané
- ¼ lžičky čerstvě mletého černého pepře
- ¼ lžičky mletého muškátového oříšku
- ¼ šálku strouhaného parmazánu
- 2 lžíce nasekané čerstvé petrželové natě

Pokyny:

Troubu předehřejte na 400°C. Vařte 3 polévkové lžíce olivového oleje, dokud nezezlátnou. Přidejte plátky lilku a opékejte 3 až 4 minuty z každé strany. Přendejte na kuchyňský papír, aby odkapal.

Umístěte pánev zpět na oheň a nalijte zbývající 2 lžíce olivového oleje. Přidejte cibuli a zelenou papriku. Pokračujte ve vaření, dokud zelenina nezměkne. Vyjměte z pánve a dejte stranou.

Umístěte pánev na oheň a vmíchejte krocana. Smažte asi 5 minut, rozdrobte lžící do zhnědnutí. Vmícháme česnek a za stálého míchání restujeme 30 sekund.

Vmíchejte rajčatový protlak, rajčata, italské koření, worcesterskou omáčku, oregano a skořici. Vraťte cibuli a papriku do pánve. Za stálého míchání vařte 5 minut. Smíchejte dohromady jogurt, vejce, pepř, muškátový oříšek a sýr.

Polovinu masové směsi rozložte do zapékací misky o rozměrech 9 x 13 palců. Navrch dejte polovinu lilku. Přidejte zbývající masovou směs a zbývající lilek. Potřeme jogurtovou směsí. Pečeme dozlatova. Ozdobte petrželkou a podávejte.

Výživa (na 100 g): 338 kalorií 5 g tuku 16 g sacharidů 28 g bílkovin 569 mg sodíku

Vepřová panenka z Dijonu a bylinky

Doba přípravy: 10 minut

čas na vaření: 30 minut

Porce: 6

Úroveň obtížnosti: Průměrná

Ingredience:

- ½ šálku čerstvé italské petrželky, nasekané
- 3 lžíce čerstvých listů rozmarýnu, nasekaných
- 3 lžíce čerstvých lístků tymiánu, nasekaných
- 3 lžíce dijonské hořčice
- 1 lžíce extra panenského olivového oleje
- 4 stroužky česneku, nakrájené
- ½ lžičky mořské soli
- ¼ lžičky čerstvě mletého černého pepře
- 1 (1½ libry) vepřové panenky

Pokyny:

Troubu předehřejte na 400°C. Smíchejte petržel, rozmarýn, tymián, hořčici, olivový olej, česnek, mořskou sůl a pepř. Šlehejte do hladka asi 30 sekund. Směs rovnoměrně rozetřeme na vepřové maso a položíme na pečicí papír s okrajem.

Pečte, dokud maso nedosáhne vnitřní teploty 140 °F. Vyjměte z trouby a před krájením a podáváním nechte 10 minut odpočinout.

Výživa (na 100 g):393 kalorií 3 g tuku 5 g sacharidů 74 g bílkovin 697 mg sodíku

Steak s houbovou omáčkou z červeného vína

čas na přípravu: Minuty plus 8 hodin marinování

čas na vaření: 20 minut

Porce: 4

Obtížnost: Těžká D

Ingredience:

- <u>Na marinádu a steak</u>
- 1 šálek suchého červeného vína
- 3 stroužky česneku, nakrájené
- 2 lžíce extra panenského olivového oleje
- 1 lžíce sójové omáčky s nízkým obsahem sodíku
- 1 lžíce sušeného tymiánu
- 1 lžička dijonské hořčice
- 2 lžíce extra panenského olivového oleje
- 1 až 1½ libry steaku ze sukně, steaku z plochého železa nebo steaku se třemi špičkami
- <u>Na houbovou omáčku</u>
- 2 lžíce extra panenského olivového oleje
- 1 libra cremini houby, nakrájené na čtvrtiny
- ½ lžičky mořské soli
- 1 lžička sušeného tymiánu

- 1/8 lžičky čerstvě mletého černého pepře
- 2 stroužky česneku, nakrájené
- 1 šálek suchého červeného vína

Pokyny:

Na marinádu a steak

V malé misce prošlehejte víno, česnek, olivový olej, sójovou omáčku, tymián a hořčici. Vložte do uzavíratelného sáčku a přidejte steak. Steak dejte na 4 až 8 hodin do lednice, aby se marinoval. Vyjměte steak z marinády a osušte papírovou utěrkou.

Ve velké pánvi rozehřejte olivový olej, dokud se nezačne třpytit.

Umístěte steak a vařte, dokud na každé straně nezhnědne a steak dosáhne vnitřní teploty 140 °F, asi 4 minuty na každé straně.

Vyjměte steak z pánve a položte na talíř pokrytý hliníkovou fólií, aby zůstal teplý, zatímco budete připravovat houbovou omáčku.

Když je houbová omáčka hotová, nakrájejte steak proti srsti na ½ palcové plátky.

Na houbovou omáčku

Ve stejné pánvi na středním plameni vařte olej. Přidejte houby, mořskou sůl, tymián a pepř. Vařte, velmi zřídka, dokud houby nezhnědnou, 6 minut.

Osmažte česnek. Vmíchejte víno a stranou vařečky odstraňte všechny zhnědlé kousky ze dna pánve. Vařte, dokud se tekutina nezredukuje na polovinu. Houby podávejte nakrájené na steak.

Výživa (na 100 g):405 kalorií 5 g tuku 7 g sacharidů 33 g bílkovin 842 mg sodíku

Řecké masové kuličky

Doba přípravy: 20 minut

čas na vaření: 25 minut

Porce: 4

Úroveň obtížnosti: Průměrná

Ingredience:

- 2 plátky celozrnného chleba
- 1¼ libry mletého krůtího masa
- 1 vejce
- ¼ šálku ochucené celozrnné strouhanky
- 3 stroužky česneku, nakrájené
- ¼ červené cibule, nastrouhané
- ¼ šálku nasekané čerstvé italské petrželky
- 2 lžíce nasekaných lístků čerstvé máty
- 2 lžíce nasekaných čerstvých listů oregana
- ½ lžičky mořské soli
- ¼ lžičky čerstvě mletého černého pepře

Pokyny:

Předehřejte troubu na 350 °F. Na plech položte pečicí papír nebo alobal. Nechte chléb pod vodou, aby se navlhčil, a vymačkejte přebytečný chléb. Mokrý chléb nalámejte na malé kousky a vložte do střední mísy.

Přidejte krůtí maso, vejce, strouhanku, česnek, červenou cibuli, petržel, mátu, oregano, mořskou sůl a pepř. Dobře promíchejte. Ze směsi tvarujte kuličky o velikosti 1/4 šálku. Vložte masové kuličky na připravený plech a pečte asi 25 minut nebo dokud vnitřní teplota nedosáhne 165 °F.

Výživa (na 100 g):350 kalorií 6 g tuku 10 g sacharidů 42 g bílkovin 842 mg sodíku

Jehněčí s fazolemi

Doba přípravy: 10 minut

Doba vaření: 1 hodina

Porce: 6

Obtížnost: Těžká D

Ingredience:

- ¼ šálku extra panenského olivového oleje, rozdělený
- 6 jehněčích kotlet zbavených přebytečného tuku
- 1 lžička mořské soli, rozdělená
- ½ lžičky čerstvě mletého černého pepře
- 2 lžíce rajčatového protlaku
- 1½ šálku horké vody
- 1 libra zelených fazolí, oříznutých a rozpůlených příčně
- 1 cibule, nakrájená
- 2 rajčata, nakrájená

Pokyny:

Ve velké pánvi vařte 2 lžíce olivového oleje, dokud se nezačne třpytit. Jehněčí kotletky ochutíme ½ lžičky mořské soli a 1/8 lžičky pepře. Jehněčí opékáme na rozpáleném oleji asi 4 minuty z každé strany, dokud z obou stran nezhnědne. Maso položte na talíř a dejte stranou.

Umístěte pánev zpět na oheň a přidejte zbývající 2 lžíce olivového oleje. Zahřívejte do třpytu.

V misce rozpustíme rajčatový protlak v horké vodě. Přidejte do horké pánve spolu se zelenými fazolkami, cibulí, rajčaty a zbývající ½ lžičky mořské soli a ¼ lžičky pepře. Přiveďte k varu a boční lžící seškrábněte opečené kousky ze dna pánve.

Vraťte jehněčí kotlety do pánve. Přiveďte k varu a stáhněte plamen na středně nízký. Vařte 45 minut, dokud fazole nezměknou, a podle potřeby přidejte další vodu, abyste upravili hustotu omáčky.

Výživa (na 100 g):439 kalorií 4 g tuků 10 g sacharidů 50 g bílkovin 745 mg sodíku

Kuře v rajčatové balsamicové omáčce

Doba přípravy: 10 minut

čas na vaření: 20 minut

Porce: 4

Úroveň obtížnosti: Průměrná

přísad

- 2 (8 oz. nebo 226,7 g každé) vykostěná kuřecí prsa bez kůže
- ½ lžičky. Sůl-
- ½ lžičky. mletý pepř
- 3 polévkové lžíce. Extra panenský olivový olej
- ½ c. rozpůlená cherry rajčata
- 2 polévkové lžíce. nakrájená šalotka
- ¼ c. balzámový ocet
- 1 polévková lžíce. nasekaný česnek
- 1 polévková lžíce. pražená semena fenyklu, drcená
- 1 polévková lžíce. máslo

Pokyny:

Kuřecí prsa nakrájejte na 4 kusy a rozklepejte paličkou na tloušťku ¼ palce. Použijte ¼ lžičky pepře a soli, abyste kuře pomazali. Na pánvi rozehřejte dvě lžíce oleje a udržujte na středním plameni. Kuřecí prsa opékejte tři minuty z obou stran. Umístěte na servírovací talíř a přikryjte fólií, aby zůstala teplá.

Na pánev přidejte 1 lžíci oleje, šalotku a rajčata a vařte do měkka. Přidejte ocet a směs vařte, dokud se ocet nezredukuje na polovinu. Přidejte semínka fenyklu, česnek, sůl a pepř a vařte asi čtyři minuty. Sundáme ze sporáku a promícháme s máslem. Touto omáčkou přelijeme kuře a podáváme.

Výživa (na 100 g):294 kalorií 17 g tuků 10 g sacharidů 2 g bílkovin 639 mg sodíku

Hnědá rýže, feta, čerstvý hrášek a mátový salát

Doba přípravy: 10 minut

čas na vaření: 25 minut

Porce: 4

Úroveň obtížnosti: Snadná

Ingredience:

- 2 c. hnědá rýže
- 3 c. voda
- Sůl
- 5 uncí. nebo 141,7 g rozdrobeného sýra feta
- 2 c. vařený hrášek
- ½ c. nasekaná máta, čerstvá
- 2 polévkové lžíce. olivový olej
- sůl a pepř

Pokyny:

Hnědou rýži, vodu a sůl dejte do hrnce na středně vysokou teplotu, přikryjte a přiveďte k varu. Ztlumte nižší plamen a nechte vařit, dokud se voda nerozpustí a rýže není měkká, ale žvýkací. Nechte zcela vychladnout

Fetu, hrášek, mátu, olivový olej, sůl a pepř vložte do salátové mísy s vychladlou rýží a promíchejte, aby se spojily. Podávejte a užívejte si!

Výživa (na 100 g):613 kalorií 18,2 g tuku 45 g sacharidů 12 g bílkovin 755 mg sodíku

Celozrnný pita chléb plněný olivami a cizrnou

Doba přípravy: 10 minut

čas na vaření: 20 minut

Porce: 2

Úroveň obtížnosti: Průměrná

Ingredience:

- 2 celozrnné pita kapsy
- 2 polévkové lžíce. olivový olej
- 2 stroužky česneku, nakrájené
- 1 cibule, nakrájená
- ½ lžičky. kmín
- 10 černých oliv, nakrájených
- 2 c. vařená cizrna
- sůl a pepř

Pokyny:

Nakrájejte pita kapsy a dejte stranou.Položte oheň na středně vysoký a zapněte pánev. Přidejte olivový olej a zahřejte. Přidejte česnek, cibuli a kmín do horké pánve a míchejte, dokud cibule nezměkne a kmín se rozvoní. Přidejte olivy, cizrnu, osolte, opepřete a míchejte, dokud cizrna nezezlátne

Sundejte pánev z plotny a vařečkou cizrnu nahrubo rozmačkejte, část nechte neporušenou a jinou rozmačkanou. Ohřejte si pita kapsy v mikrovlnné troubě, troubě nebo na čisté pánvi na sporáku

Naplňte je svou cizrnovou směsí a užívejte si!

Výživa (na 100 g):503 kalorií 19 g tuku 14 g sacharidů 15,7 g bílkovin 798 mg sodíku

Pečená mrkev s vlašskými ořechy a fazolemi cannellini

Doba přípravy: 10 minut

čas na vaření: 45 minut

Porce: 4

Úroveň obtížnosti: Průměrná

Ingredience:

- 4 oloupané mrkve, nakrájené
- 1 c. vlašské ořechy
- 1 polévková lžíce. Miláček
- 2 polévkové lžíce. olivový olej
- 2 c. Cannellini fazole, okapané
- 1 čerstvá snítka tymiánu
- sůl a pepř

Pokyny:

Předehřejte troubu na 400 F/204 C a plech nebo pekáč vyložte pečicím papírem Umístěte mrkev a vlašské ořechy na plech nebo pánev vyložený pečicím papírem. Mrkev a vlašské ořechy pokapejte olivovým olejem a medem, otřete, aby byl každý kousek potažený. Rozsypte fazole na tác a zabořte se do mrkve a vlašských ořechů

Přidejte tymián a vše dochuťte solí a pepřem. Plech vložíme do trouby a pečeme asi 40 minut.

Podávejte a užívejte si

Výživa (na 100 g):385 kalorií 27 g tuku 6 g sacharidů 18 g bílkovin 859 mg sodíku

Kořeněné máslové kuře

Doba přípravy: 10 minut

čas na vaření: 25 minut

Porce: 4

Úroveň obtížnosti: Průměrná

Ingredience:

- ½ c. Tučná šlehačka
- 1 polévková lžíce. Sůl
- ½ c. vývar z kostí
- 1 polévková lžíce. pepř
- 4 polévkové lžíce. máslo
- 4 půlky kuřecích prsou

Pokyny:

Umístěte pánev na sporák na středně vysokou teplotu a přidejte lžíci másla. Jakmile je máslo teplé a rozpuštěné, přidejte kuře a opékejte z obou stran pět minut. Na konci této doby by mělo být kuře propečené a zlaté; Pokud tomu tak je, dejte to na talíř.

Poté do teplé pánve přidejte vývar z kostí. Přidejte hustou smetanu ke šlehání, sůl a pepř. Poté nechte pánev v klidu, dokud se vaše omáčka nezačne vařit. Tento proces nechte pět minut běžet, aby omáčka zhoustla.

Nakonec přidáte zbytek másla a kuřecí maso zpět do pánve.

Ujistěte se, že použijete lžíci k nalití omáčky na kuře a zcela udusit.

Sloužit

Výživa (na 100 g):350 kalorií 25 g tuku 10 g sacharidů 25 g bílkovin 869 mg sodíku

Dvojité sýrové kuře se slaninou

Doba přípravy: 10 minut

čas na vaření: 30 minut

Porce: 4

Úroveň obtížnosti: Snadná

Ingredience:

- 4 unce. nebo 113g. tavený sýr

- 1 c. Čedar

- 8 proužků slaniny

- mořská sůl

- pepř

- 2 stroužky česneku, jemně nasekané

- Kuřecí prso

- 1 polévková lžíce. tuk nebo máslo ze slaniny

Pokyny:

Připravte troubu na 400 F/204 C. Kuřecí prsa rozpulte, aby se ztenčila

Dochuťte solí, pepřem a česnekem, zapékací misku vymažte máslem a vložte do ní kuřecí prsa. Na prsa rozetřeme smetanový sýr a čedar

Přidejte také plátky slaniny, vložte pánev do trouby na 30 minut a podávejte horké

Výživa (na 100 g):610 kalorií 32 g tuku 3 g sacharidů 38 g bílkovin 759 mg sodíku

Krevety s citronem a pepřem

Doba přípravy: 10 minut

čas na vaření: 10 min

Porce: 4

Úroveň obtížnosti: Snadná

Ingredience:

- 40 vyloupaných krevet, oloupaných
- 6 stroužků česneku, nasekaných
- sůl a černý pepř
- 3 polévkové lžíce. olivový olej
- ¼ lžičky sladké papriky
- Špetka drcených vloček červené papriky
- ¼ lžičky strouhaná citronová kůra
- 3 polévkové lžíce. Sherry nebo jiné víno
- 1½ lžíce. nakrájená pažitka
- šťáva z 1 citronu

Pokyny:

Nastavte teplotu na středně vysokou a zapněte pánev.

Přidejte olej a krevety, posypte pepřem a solí a vařte 1 minutu.

Přidejte papriku, česnek a pepřové vločky, promíchejte a vařte 1 minutu. Jemně vmíchejte sherry a vařte další minutu

Krevety stáhněte z plotny, přidejte pažitku a citronovou kůru, zamíchejte a rozdělte krevety na talíře. Vše pokapeme citronovou šťávou a podáváme

Výživa (na 100 g):140 kalorií 1g tuku 5g sacharidů 18g bílkovin 694mg sodíku

Pečený a kořeněný halibut

Doba přípravy: 5 minut

čas na vaření: 25 minut

Porce: 4

Úroveň obtížnosti: Snadná

Ingredience:

- ¼ c. nakrájenou čerstvou pažitku
- ¼ c. nasekaný čerstvý kopr
- ¼ lžičky mletý černý pepř
- C. Panko strouhanka
- 1 polévková lžíce. Extra panenský olivový olej
- 1 lžička. jemně nastrouhaná citronová kůra
- 1 lžička. mořská sůl
- 1/3 c. nasekanou čerstvou petrželkou
- 4 filety halibuta (po 170 g).

Pokyny:

Ve střední misce smíchejte olivový olej a zbývající ingredience kromě filetů halibuta a strouhanky

Do směsi přidejte filety z halibuta a marinujte 30 minut. Předehřejte troubu na 400 °F. Plech vyložte alobalem a vymažte sprejem na vaření. Filety namáčejte ve strouhance a dejte na plech. Pečte v troubě 20 minut. Podávejte horké

Výživa (na 100 g):667 kalorií 24,5 g tuku 2 g sacharidů 54,8 g bílkovin 756 mg sodíku

Jednoduché zoodle

Doba přípravy: 10 minut

čas na vaření: 5 minut

Porce: 2

Úroveň obtížnosti: Snadná

Ingredience:

- 2 lžíce avokádového oleje
- 2 střední cukety, spirálovité
- ¼ lžičky soli
- Čerstvě mletý černý pepř, podle chuti

Pokyny:

Ve velké pánvi na středně vysokém ohni rozehřejte avokádový olej, dokud se nezačne třpytit. Do pánve přidejte cuketové nudle, sůl a černý pepř a promíchejte, aby se obalily. Vařte za stálého míchání do měkka. Podávejte teplé.

Výživa (na 100 g):128 kalorií 14 g tuku 0,3 g sacharidů 0,3 g bílkovin 811 mg sodíku

Čočkové zábaly na rajčata

Doba přípravy: 15 minut

čas na vaření: 0 minut

Porce: 4

Úroveň obtížnosti: Snadná

Ingredience:

- 2 šálky vařené čočky
- 5 romských rajčat, nakrájených na kostičky
- ½ šálku rozdrobeného sýra feta
- 10 velkých lístků čerstvé bazalky, nakrájených na tenké plátky
- ¼ šálku extra panenského olivového oleje
- 1 lžíce balzamikového octa
- 2 stroužky česneku, nakrájené
- ½ lžičky surového medu
- ½ lžičky soli
- ¼ lžičky čerstvě mletého černého pepře
- 4 velké listy zelí, stonky odstraněné

Pokyny:

Smíchejte čočku, rajčata, sýr, lístky bazalky, olivový olej, ocet, česnek, med, sůl a černý pepř a dobře promíchejte.

Listy zelí položte na rovnou pracovní plochu. Na okraje listů dejte stejné množství čočkové směsi. Srolujte a překrojte na poloviny, abyste mohli podávat.

Výživa (na 100 g):318 kalorií 17,6 g tuků 27,5 g sacharidů 13,2 g bílkovin 800 mg sodíku

Středomořská zeleninová mísa

Doba přípravy: 10 minut

čas na vaření: 20 minut

Porce: 4

Úroveň obtížnosti: Průměrná

Ingredience:

- 2 šálky vody
- 1 šálek pšeničného bulguru #3 nebo quinoa, opláchnutý
- 1½ lžičky soli, rozdělená
- 1 pinta (2 šálky) cherry rajčat, rozpůlená
- 1 velká paprika, nakrájená
- 1 velká okurka, nakrájená
- 1 šálek oliv Kalamata
- ½ šálku čerstvě vymačkané citronové šťávy
- 1 šálek extra panenského olivového oleje
- ½ lžičky čerstvě mletého černého pepře

Pokyny:

Ve středně velkém hrnci vařte vodu na středně vysokou teplotu.
Přidejte bulgur (nebo quinou) a 1 lžičku soli. Přikryjte a vařte 15
až 20 minut.

Chcete-li zeleninu uspořádat do 4 misek, vizuálně každou misku
rozdělte na 5 částí. Uvařený bulgur dejte do jedné části. Následujte
rajčata, papriky, okurky a olivy.

Smíchejte dohromady citronovou šťávu, olivový olej, zbývající ½
lžičky soli a černý pepř.

Dresink rozdělte rovnoměrně do 4 misek. Ihned podávejte nebo
zakryjte a chlaďte na později.

Výživa (na 100 g):772 kalorií 9g tuku 6g bílkovin 41g sacharidů
944mg sodíku

Obalíme grilovanou zeleninou a hummusem

Doba přípravy: 15 minut

čas na vaření: 10 min

Porce: 6

Úroveň obtížnosti: Průměrná

Ingredience:

- 1 velký lilek
- 1 velká cibule
- ½ šálku extra panenského olivového oleje
- 1 lžička soli
- 6 lavashových zábalů nebo velkého plochého chleba
- 1 šálek krémového tradičního hummusu

Pokyny:

Předehřejte gril, velkou grilovací pánev nebo velkou lehce naolejovanou pánev na středně vysokou teplotu. Lilek a cibuli nakrájíme na kolečka. Zeleninu namažte olivovým olejem a posypte solí.

Zeleninu opečte z obou stran, asi 3 až 4 minuty z každé strany. Chcete-li vytvořit zábal, položte lavash nebo pita naplocho. Do zábalu přidejte asi 2 lžíce hummusu.

Zeleninu rovnoměrně rozdělte do obalů a položte podél jedné strany obalu. Jemně přehněte stranu obalu se zeleninou, zastrčte a vytvořte pevný obal.

Položte ovinovací šev stranou dolů a rozřízněte na polovinu nebo třetiny.

Každý sendvič můžete také zabalit do plastového obalu, aby si zachoval svůj tvar a mohl se později sníst.

Výživa (na 100 g):362 kalorií 10 g tuku 28 g sacharidů 15 g bílkovin 736 mg sodíku

Španělské zelené fazolky

Doba přípravy: 10 minut

čas na vaření: 20 minut

Porce: 4

Úroveň obtížnosti: Snadná

Ingredience:

- ¼ šálku extra panenského olivového oleje
- 1 velká cibule, nakrájená
- 4 stroužky česneku, nasekané nadrobno
- 1 libra zelených fazolek, čerstvých nebo mražených, nakrájených
- 1½ lžičky soli, rozdělená
- 1 (15 uncí) plechovka nakrájených rajčat
- ½ lžičky čerstvě mletého černého pepře

Pokyny:

Zahřejte olivový olej, cibuli a česnek; Vařte 1 minutu. Zelené fazolky nakrájejte na 2palcové kousky. Přidejte zelené fazolky a 1 lžičku soli do hrnce a vše promíchejte; Vařte 3 minuty. Přidejte nakrájená rajčata, zbývající ½ lžičky soli a černý pepř do hrnce; za občasného míchání vařte dalších 12 minut. Podávejte teplé.

Výživa (na 100 g):200 kalorií 12 g tuku 18 g sacharidů 4 g bílkovin 639 mg sodíku

Rustikální květák a mrkev hash

Doba přípravy: 10 minut

čas na vaření: 10 min

Porce: 4

Úroveň obtížnosti: Snadná

Ingredience:

- 3 lžíce extra panenského olivového oleje
- 1 velká cibule, nakrájená
- 1 lžíce česneku, nasekaný
- 2 šálky mrkve, nakrájené na kostičky
- 4 šálky omytého květáku
- 1 lžička soli
- ½ lžičky mletého kmínu

Pokyny:

Vařte olivový olej, cibuli, česnek a mrkev po dobu 3 minut. Květák nakrájejte na kousky o velikosti 1 palce nebo sousta. Do pánve přidejte květák, sůl a kmín a promíchejte s mrkví a cibulí.

Přikryjte a vařte 3 minuty. Přidejte zeleninu a vařte další 3 až 4 minuty. Podávejte teplé.

Výživa (na 100 g):159 kalorií 17 g tuků 15 g sacharidů 3 g bílkovin 569 mg sodíku

Pečený květák a rajčata

Doba přípravy: 5 minut

čas na vaření: 25 minut

Porce: 4

Úroveň obtížnosti: Průměrná

Ingredience:

- 4 šálky květáku, nakrájené na 1-palcové kousky
- 6 lžic extra panenského olivového oleje, rozdělených
- 1 lžička soli, rozdělená
- 4 šálky cherry rajčat
- ½ lžičky čerstvě mletého černého pepře
- ½ šálku strouhaného parmazánu

Pokyny:

Troubu předehřejte na 425°C. Ve velké misce smíchejte květák, 3 lžíce olivového oleje a ½ lžičky soli a rovnoměrně je rozdělte. Položte v rovnoměrné vrstvě na plech.

Do další velké mísy přidejte rajčata, zbývající 3 lžíce olivového oleje a ½ lžičky soli a rovnoměrně rozdělte. Nalijte na jiný plech. List květáku a list rajčete pečte v troubě 17 až 20 minut, dokud květák lehce nezhnědne a rajčata jsou kyprá.

Pomocí stěrky umístěte květák do servírovací misky a posypte rajčaty, černým pepřem a parmazánem. Podávejte teplé.

Výživa (na 100 g):294 kalorií 14 g tuků 13 g sacharidů 9 g bílkovin 493 mg sodíku

Pečená žaludová dýně

Doba přípravy: 10 minut

čas na vaření: 35 minut

Porce: 6

Úroveň obtížnosti: Průměrná

Ingredience:

- 2 tykve žaludové, střední až velké
- 2 lžíce extra panenského olivového oleje
- 1 lžička soli, plus více na dochucení
- 5 lžic nesoleného másla
- ¼ šálku nasekaných listů šalvěje
- 2 lžíce lístků čerstvého tymiánu
- ½ lžičky čerstvě mletého černého pepře

Pokyny:

Troubu předehřejte na 400°C. Dýni žaludu podélně rozpůlíme. Vyškrábněte semínka a nakrájejte vodorovně na plátky silné palec. Ve velké míse pokapejte dýni olivovým olejem, posypte solí a promíchejte, aby se obalila.

Dýni žaludu položte na plech. Vložte na plech do trouby a dýni pečte 20 minut. Tykev otočte stěrkou a pečte dalších 15 minut.

Ve středně velkém hrnci změkčte máslo na středně vysokém ohni. Přidejte šalvěj a tymián do rozpuštěného másla a vařte 30 sekund.

Uvařené plátky dýně přendáme na talíř. Dýni přelijte směsí másla a bylinek. Dochuťte solí a černým pepřem. Podávejte teplé.

Výživa (na 100 g):188 kalorií 13 g tuků 16 g sacharidů 1 g bílkovin 836 mg sodíku

Smažený česnekový špenát

Doba přípravy: 5 minut

čas na vaření: 10 min

Porce: 4

Úroveň obtížnosti: Snadná

Ingredience:

- ¼ šálku extra panenského olivového oleje
- 1 velká cibule, nakrájená na tenké plátky
- 3 stroužky česneku, nakrájené
- 6 (1 lb) sáčků baby špenátu, umyté
- ½ lžičky soli
- 1 citron, nakrájený na měsíčky

Pokyny:

Ve velké pánvi orestujte olivový olej, cibuli a česnek na středně vysoké teplotě po dobu 2 minut. Přidejte sáček špenátu a ½ lžičky soli. Zakryjte pánev a nechte špenát 30 sekund zavadnout. Opakujte proces (bez soli) a přidejte 1 sáček špenátu najednou.

Když přidáte všechen špenát, sejměte poklici a vařte 3 minuty, aby se odpařila část vlhkosti. Podávejte teplé s citronovou kůrou navrchu.

Výživa (na 100 g):301 kalorií 12 g tuku 29 g sacharidů 17 g bílkovin 639 mg sodíku

Smažená cuketa s česnekem a mátou

Doba přípravy: 5 minut

čas na vaření: 10 min

Porce: 4

Úroveň obtížnosti: Snadná

Ingredience:

- 3 velké zelené cukety
- 3 lžíce extra panenského olivového oleje
- 1 velká cibule, nakrájená
- 3 stroužky česneku, nakrájené
- 1 lžička soli
- 1 lžička sušené máty

Pokyny:

Nakrájejte cuketu na ½ palcové kostky. Olivový olej, cibuli a česnek opékejte 3 minuty za stálého míchání.

Do pánve přidejte cuketu a sůl a smíchejte s cibulí a česnekem a vařte 5 minut. Přidejte mátu do pánve a promíchejte, aby se spojila. Vařte další 2 minuty. Podávejte teplé.

Výživa (na 100 g):147 kalorií 16 g tuku 12 g sacharidů 4 g bílkovin 723 mg sodíku

Dušená Okra

Doba přípravy: 55 minut

čas na vaření: 25 minut

Porce: 4

Úroveň obtížnosti: Snadná

Ingredience:

- ¼ šálku extra panenského olivového oleje
- 1 velká cibule, nakrájená
- 4 stroužky česneku, nasekané nadrobno
- 1 lžička soli
- 1 libra čerstvé nebo mražené okry, očištěné
- 1 (15 uncí) plechovka běžné rajčatové omáčky
- 2 šálky vody
- ½ šálku čerstvého koriandru, jemně nasekaného
- ½ lžičky čerstvě mletého černého pepře

Pokyny:

Smíchejte a 1 minutu opékejte olivový olej, cibuli, česnek a sůl. Vmíchejte okra a vařte 3 minuty.

Přidejte rajčatovou omáčku, vodu, koriandr a černý pepř; promíchejte, přikryjte a za občasného míchání vařte 15 minut. Podávejte teplé.

Výživa (na 100 g):201 kalorií 6g tuku 18g sacharidů 4g bílkovin 693mg sodíku

Sladká paprika plněná zeleninou

Doba přípravy: 20 minut

čas na vaření: 30 minut

Porce: 6

Úroveň obtížnosti: Průměrná

Ingredience:

- 6 velkých paprik, různé barvy
- 3 lžíce extra panenského olivového oleje
- 1 velká cibule, nakrájená
- 3 stroužky česneku, nakrájené
- 1 mrkev, nakrájená
- 1 (16 uncí) plechovka cizrny, opláchnutá a okapaná
- 3 šálky vařené rýže
- 1½ lžičky soli
- ½ lžičky čerstvě mletého černého pepře

Pokyny:

Předehřejte troubu na 350 °F. Určitě vybírejte papriky, které mohou stát vzpřímeně. Odřízněte víčko papriky a odstraňte semínka, víčko si nechte na později. Vložte papriky do kastrolu.

Zahřívejte olivový olej, cibuli, česnek a mrkev po dobu 3 minut. Vmícháme cizrnu. Vařte další 3 minuty. Odstraňte z ohně a vložte vařené ingredience do velké mísy. Přidejte rýži, sůl a pepř; hodit kombinovat.

Naplňte každou papriku nahoru a poté nasaďte uzávěry paprik. Pekáč zakryjte alobalem a pečte 25 minut. Vytáhněte alobal a pečte dalších 5 minut. Podávejte teplé.

Výživa (na 100 g):301 kalorií 15 g tuků 50 g sacharidů 8 g bílkovin 803 mg sodíku

Moussaka lilek

Doba přípravy: 55 minut

čas na vaření: 40 minut

Porce: 6

Obtížnost: Těžká D

Ingredience:

- 2 velké lilky
- 2 lžičky soli, rozdělené
- Olivový olej ve spreji
- ¼ šálku extra panenského olivového oleje
- 2 velké cibule, nakrájené na plátky
- 10 stroužků česneku, nakrájených na plátky
- 2 (15 uncí) plechovky nakrájených rajčat
- 1 (16 uncí) plechovka cizrny, opláchnutá a okapaná
- 1 lžička sušeného oregana
- ½ lžičky čerstvě mletého černého pepře

Pokyny:

Nakrájejte lilek vodorovně na ¼ palce silné kulaté plátky. Plátky lilku posypeme 1 lžičkou soli a dáme na 30 minut do cedníku.

Předehřejte troubu na 450 °F. Plátky lilku osušte papírovou utěrkou a každou stranu postříkejte olivovým olejem ve spreji nebo každou stranu lehce potřete olivovým olejem.

Složte lilek v jedné vrstvě na plech. Vložte do trouby a pečte 10 minut. Poté pomocí stěrky plátky obraťte a pečte dalších 10 minut.

Orestujte olivový olej, cibuli, česnek a zbývající 1 lžičku soli. Vařte 5 minut, zřídka míchejte. Přidejte rajčata, cizrnu, oregano a černý pepř. Vařte 12 minut za občasného míchání.

V hlubokém kastrolu začněte vrstvit, začněte lilkem a poté omáčkou. Opakujte, dokud nespotřebujete všechny přísady. Pečeme v troubě 20 minut. Vyjměte z trouby a podávejte teplé.

Výživa (na 100 g):262 kalorií 11 g tuku 35 g sacharidů 8 g bílkovin 723 mg sodíku

Hroznové listy plněné zeleninou

Doba přípravy: 50 minut

čas na vaření: 45 minut

Porce: 8

Úroveň obtížnosti: Průměrná

Ingredience:

- 2 šálky bílé rýže, opláchnuté
- 2 velká rajčata, nakrájená nadrobno
- 1 velká cibule, nakrájená nadrobno
- 1 jarní cibulka, nakrájená nadrobno
- 1 šálek čerstvé italské petrželky, jemně nasekané
- 3 stroužky česneku, nakrájené
- 2½ lžičky soli
- ½ lžičky čerstvě mletého černého pepře
- 1 (16 uncí) sklenice hroznových listů
- 1 šálek citronové šťávy
- ½ šálku extra panenského olivového oleje
- 4 až 6 šálků vody

Pokyny:

Smíchejte rýži, rajčata, cibuli, jarní cibulku, petržel, česnek, sůl a černý pepř. Sceďte a opláchněte hroznové listy. Připravte si velký hrnec tak, že na dno položíte vrstvu hroznových listů. Každý list položte naplocho a odřízněte případné stonky.

Na dno každého listu dejte 2 polévkové lžíce rýžové směsi. Přehněte strany a poté srolujte co nejpevněji. Vložte srolované listy vinné révy do hrnce a zarovnejte každý srolovaný list vinné révy. Poté navrstvěte srolované vinné listy.

Jemně nalijte citronovou šťávu a olivový olej na listy vinné révy a přidejte tolik vody, aby pokryla listy vinné révy o 1 palec. Na listy vinné révy položte dnem vzhůru těžký talíř, menší než je otvor hrnce. Hrnec přikryjte a listy vařte na středně vysokém ohni 45 minut. Před podáváním nechte 20 minut odstát. Podávejte teplé nebo studené.

Výživa (na 100 g):532 kalorií 15 g tuku 80 g sacharidů 12 g bílkovin 904 mg sodíku

Rolky z grilovaného lilku

Doba přípravy: 30 minut

čas na vaření: 10 min

Porce: 6

Úroveň obtížnosti: Průměrná

Ingredience:

- 2 velké lilky
- 1 lžička soli
- 4 unce kozího sýra
- 1 šálek ricotty
- ¼ šálku čerstvé bazalky, jemně nasekané
- ½ lžičky čerstvě mletého černého pepře
- Olivový olej ve spreji

Pokyny:

Ořízněte vršky lilku a nakrájejte lilky podélně na ¼-palcové plátky. Plátky posypte solí a lilky dejte na 15 až 20 minut do cedníku.

Kozí sýr, ricotta, bazalka a pepř. Předehřejte gril, grilovací pánev nebo lehce naolejovanou pánev na středně vysokou teplotu. Plátky lilku osušte a lehce postříkejte olivovým olejem ve spreji. Umístěte lilky na gril, rošt nebo pánev a opékejte 3 minuty z každé strany.

Odstraňte lilek z plotny a nechte 5 minut vychladnout. Pro rolování položte naplocho plátek lilku, na dno plátku položte lžíci sýrové směsi a srolujte. Podávejte ihned nebo chlaďte, dokud nebudete připraveni k podávání.

Výživa (na 100 g):255 kalorií 7 g tuku 19 g sacharidů 15 g bílkovin 793 mg sodíku

Křupavé cuketové lívance

Doba přípravy: 15 minut

čas na vaření: 20 minut

Porce: 6

Úroveň obtížnosti: Snadná

Ingredience:

- 2 velké zelené cukety
- 2 lžíce italské petrželky, jemně nasekané
- 3 stroužky česneku, nakrájené
- 1 lžička soli
- 1 hrnek mouky
- 1 velké vejce, rozšlehané
- ½ šálku vody
- 1 lžička prášku do pečiva
- 3 šálky rostlinného nebo avokádového oleje

Pokyny:

Do velké mísy nastrouháme cuketu. Do mísy dejte petržel, česnek, sůl, mouku, vejce, vodu a prášek do pečiva a promíchejte. Ve velké pánvi nebo fritéze zahřejte olej na 365 °F na středním ohni.

Těsto na koblihy vhazujeme po lžících do rozpáleného oleje. Koblihy otočte děrovanou lžící a smažte dozlatova, asi 2 až 3 minuty. Koblihy slijte z oleje a dejte na plech vyložený papírovými utěrkami. Podávejte teplé s krémovým Tzatziki nebo krémovým tradičním hummusem jako dip.

Výživa (na 100 g):446 kalorií 2 g tuků 19 g sacharidů 5 g bílkovin 812 mg sodíku